OCTAVIO PAZ

IM LICHTE INDIENS

Ein Essay

Aus dem Spanischen von

Rudolf Wittkopf

Suhrkamp Verlag

Die Originalausgabe erschien 1995 unter
dem Titel *Vislumbres de la India.*

Erste Auflage 1997

Druck: MZ-Verlagsdruckerei, Memmingen
Printed in Germany

IM LICHTE INDIENS

ZU DEN ANTIPODEN

... um nicht dem Irrtum zu erliegen, in dem die alten Philosophen sich befanden, die glaubten, daß es keine Antipoden gibt.
Diccionario de Autoridades (Padre Alonso de Ovalle)

Bombay

1951 lebte ich in Paris. Ich hatte einen bescheidenen Posten in der mexikanischen Botschaft. Im Dezember 1945 war ich für sechs Jahre hergekommen; die Mediokrität meiner Stellung erklärt, warum man mich nicht nach zwei oder drei Jahren, wie es im diplomatischen Dienst üblich ist, in eine andere Stadt entsandt hat. Meine Vorgesetzten hatten mich vergessen, und im stillen war ich ihnen dankbar dafür. Ich versuchte zu schreiben, und vor allem erkundete ich diese Stadt, die vielleicht das schönste Beispiel für den Genius unserer Zivilisation ist: solide gebaut, doch ohne Schwere; groß, doch nicht gigantisch; der Erde verhaftet, doch mit dem Verlangen, von ihr sich zu lösen. Eine Stadt, in der das Maß so sanft wie unerbittlich die Exzesse des Körpers und des Geistes regiert. In ihren glücklichsten Momenten – ein Platz, eine Avenue, ein Gebäudekomplex – löst sich die ihr innewohnende Spannung in Harmonie auf. Eine Lust für die Augen und für den Geist. Ein Erkunden und ein Wiedererkennen: auf meinen Spaziergängen und Streifzügen entdeckte ich unbekannte Viertel und Orte, auch erkannte ich andere wieder, die ich nie zuvor gesehen, aber von denen ich in Romanen und Gedichten gelesen hatte. Paris war für mich eine Stadt, die weniger erfunden als von der Erinnerung und der Imagination rekonstruiert wurde. Ich hatte einige wenige Freunde und Freundinnen, französischer und anderer Nationalität; wir trafen uns sowohl bei ihnen zu Hause als auch, zumeist, in Cafés und Bars. In Paris, wie in anderen romanischen Städten, lebt man mehr aushäusig. Mit meinen Freunden verbanden mich künstlerische und intellektuelle Neigungen. Ich tauchte ein ins literarische Leben jener Tage, das von lebhaften philosophischen und politischen Debatten geprägt war. Meine geheime Obsession aber war die Poesie: sie zu schreiben, über sie nachzudenken, sie zu leben. Von vielen widersprüchlichen Gedanken, Empfindungen und Emotionen beherrscht, lebte ich jeden Augenblick so intensiv, daß mir nie eingefallen wäre, diese Art zu leben könnte sich ändern. Die Zukunft, das heißt das Unerwartete, war fast ganz entschwunden.

Eines Tages rief der mexikanische Botschafter in Paris mich in sein Büro und zeigte wortlos auf ein Telegramm: man verfügte meine Versetzung. Die Nachricht bestürzte mich. Mehr noch, sie schmerzte mich. Es war nur natürlich, mich an einen anderen Ort zu beordern, doch es stimmte mich traurig, Paris zu verlassen. Der Grund meiner Versetzung: Die Regierung Mexikos hatte diplomatische Beziehungen zu Indien aufgenommen, das kürzlich (1947) unabhängig geworden war, und man beabsichtigte, eine Mission in Delhi einzurichten. Jedoch tröstete es mich ein wenig, daß ich gerade in dieses Land entsandt werden sollte: Riten, Tempel, Städte, deren Namen ungewöhnliche Geschichten in mir wachriefen, farbenfrohe Menschenmengen, Frauen mit katzenhaften Bewegungen und dunklen, funkelnden Augen, Heilige, Bettler ... An eben diesem Morgen erfuhr ich auch, daß man einen sehr bekannten und einflußreichen Mann zum Botschafter der neuen diplomatischen Vertretung ernannt hatte: Emilio Portes Gil. Er war einmal Präsident Mexikos gewesen. Das Personal würde sich zusammensetzen aus einem Botschaftsrat, einem Zweiten Sekretär (mir) und zwei Kanzlern.

Warum war die Wahl auf mich gefallen? Niemand sagte es mir, und ich habe es nie herausbekommen. Indes kam mir gerüchtweise zu Ohren, daß Jaime Torres Bodet, damals Generaldirektor der UNESCO, dem Außenminister Manuel Tello meine Versetzung nahegelegt hatte. Torres Bodet störten, wie es scheint, einige meiner literarischen Aktivitäten, und insbesondere hatte ihm mißfallen, daß ich zusammen mit Albert Camus und María Casares an der Veranstaltung zum Gedenken an den Ausbruch des Spanischen Bürgerkrieges (18. Juli 1936) teilgenommen hatte, die von einer Gruppe organisiert worden war, welche den spanischen Anarchisten mehr oder weniger nahestand. Obgleich die Regierung Mexikos keine Beziehungen zum Franco-Regime unterhielt – statt dessen, und das stellte in der internationalen Gemeinschaft eine einzigartige Ausnahme dar, war ein mexikanischer Botschafter bei der spanischen Exilregierung akkreditiert –, scheint Torres Bodet meine Teilnahme an jener kulturpolitischen Veranstaltung sowie einige meiner Äußerungen als »unpassend« empfunden zu haben. Ich gestehe, daß ich diese Annahme nie habe verifizieren können. Es täte mir leid, sollte ich Torres Bodet unrecht tun. Uns trennten unterschiedliche Auffassungen, doch habe ich ihn immer geschätzt, wie ich das in dem Essay zu seinem Gedenken zum Ausdruck gebracht habe. Er war ein hervorragender Mexikaner. Aber ich muß auch zugeben, daß das Gerücht nicht unglaubwürdig war. Abgesehen davon, daß ich mich bei Manuel Tello nie großer Beliebtheit erfreute, sollte ich Jahre später bei einem Essen mit anhören, wie er Torres Bodet gegenüber eine vertrauliche Bemerkung machte. Man sprach von den Schriftstellern im diplomatischen Dienst, und nachdem er an die Fälle Alfonso Reyes und José Gorostiza in Mexiko und Paul Claudel und Saint-John Perse in Frankreich erinnert hatte, fügte er hinzu: aber man muß unbedingt vermeiden, daß zwei Schriftsteller gleichzeitig in derselben Botschaft arbeiten.

Ich verabschiedete mich von meinen Pariser Freunden. Henri Michaux schenkte mir eine kleine Anthologie des Dichters Kabīr, Krishṇa Riboud eine Grafik der Göttin Durgā und Kostas Papaioannou ein Exemplar der *Bhagavad Gītā*. Dieses Buch wurde mein geistiger Führer durch die Welt Indiens. Mitten in meinen Reisevorbereitungen erhielt ich aus Mexiko einen Brief mit Instruktionen des designierten Botschafters: Er bestellte mich nach Kairo, denn ich sollte ab Port Said mit dem übrigen Personal ein polnisches Schiff nehmen, das uns nach Bombay bringen würde: die *Battory*. Diese Mitteilung verwunderte mich: normal gewesen wäre, von Paris direkt nach Delhi zu fliegen. Trotzdem freute ich mich, ich würde Kairo kurz besuchen können, sein Museum und die Pyramiden, würde das Rote Meer durchqueren und einen Blick auf Aden werfen, bevor wir schließlich nach Bombay kämen. In Kairo eingetroffen, sagte uns Emilio Portes Gil, daß er seine Meinung geändert habe und das Flugzeug nach Delhi nehmen werde. In Wirklichkeit wollte er, wie ich später erfuhr, zuvor noch einige Stätten in Ägypten besuchen. In meinem Fall war es zu spät, die Reise umzubuchen: ich hätte lange warten müssen, bis die Schiffahrtsgesellschaft sich bereit gefunden hätte, mir die Passage zu erstatten, und um das Flugbillet zu bezahlen, hatte ich kein Geld. Ich beschloß, mich auf der *Battory* einzuschiffen. Es waren die letzten Tage der Regierung König Faruks, oft kam es zu Unruhen – kurze Zeit später ging das berühmte Hotel Shepherd in Flammen auf –, und die Strecke Kairo–Port Said war nicht sicher: die Landstraße war mehrmals gesperrt worden. Mit zwei weiteren Fahrgästen fuhr ich nach Port Said in einem Auto, das den polnischen Stander gesetzt hatte. Vielleicht dieses Umstands wegen verlief die Fahrt ohne Zwischenfälle.

Die *Battory* war ein deutsches Schiff, das Polen als Reparationsleistung erhalten hatte. Die Seereise war angenehm, auch wenn die Eintönigkeit der Landschaft am Roten Meer zuweilen aufs Gemüt drückte: rechts und links nichts als zumeist flaches wüstes Land. Das Meer war bleigrau und ruhig. Auch die Natur kann, sagte ich mir, langweilig sein. Die Ankunft in Aden sprengte die Monotonie. Eine pittoreske Landstraße, von hohen weißen Felsen eingefaßt, führte vom Hafen in die Stadt. Bezaubert durchstreifte ich das lärmige Bazarviertel der Levantiner, Inder und Chinesen und wagte mich tief hinein in die Straßen und Gassen der nächsten Umgebung. Eine bunte Menschenmenge, verschleierte Frauen mit Augen so tief wie das Wasser eines Brunnens, anonyme Gesichter von Passanten, ähnlich denen, die einem in allen Städten begegnen, doch orientalisch gekleidet, Bettler, geschäftige Leute, Gruppen, die sich laut unterhielten und lachten, und mitten in diesem Gedränge schweigende Araber von vornehmer Erscheinung und stolzem Gebaren. An ihrem Gürtel die leere Scheide eines Dolchs oder Kurzschwerts. Es waren Männer der Wüste, die ihre Waffen haben abgeben müssen, bevor sie die Stadt betraten. Nur in Afghanistan habe ich ein Volk von ähnlicher Eleganz und Würde gesehen.

Das Leben auf der *Battory* war unterhaltsam. Die Passagiere bildeten eine heterogene Gesellschaft. Die wunderlichste Persönlichkeit war ein mönchsgesichtiger Maharadscha, umgeben von eilfertigen Dienern; an irgendein rituelles Gelübde gebunden, mied er den Kontakt mit Fremden, und auf Deck war sein Stuhl mit einer Leine abgegrenzt, um die anderen Passagiere fernzuhalten. Unter ihnen befand sich auch eine ältere Dame, welche die Gattin (oder Freundin) des Bildhauers Brancusi gewesen war. Sie reiste nach Indien auf Einladung eines Magnaten, der ein Bewunderer ihres Mannes war. An Bord war auch eine Gruppe Nonnen, in der Mehrzahl Polinnen, die jeden Tag um fünf Uhr morgens zum Beten in die Messe gingen, welche zwei ebenfalls polnische Priester zelebrierten. Alle fuhren sie nach Madras in ein von ihrem Orden gegründetes Kloster. Obgleich die Kommunisten in Polen die Macht ergriffen hatten, sah die Schiffsführung über die Aktivitäten der Ordensschwestern hinweg. Vielleicht auch war solche Toleranz Teil der Regierungspolitik jener Tage. Es rührte mich, die Messe mit anzuhören, die jene Nonnen und die zwei Priester am Morgen unserer Landung in Bombay sangen. Vor uns ragte die Küste eines riesigen fremden Landes auf, bevölkert von Millionen Ungläubiger, die männliche und weibliche Idole von stattlicher Gestalt mit bisweilen animalischen Zügen verehrten oder die zum gesichtslosen Gott des Islam beteten. Ich wagte nicht, die Nonnen zu fragen, ob ihnen bewußt sei, daß ihre Ankunft in Indien eine verspätete Episode des großen Scheiterns des Christentums in diesen Ländern darstellt ... Eine anmutige junge Inderin und ihr Ehemann, ein junger Nordamerikaner, waren ein Paar, das sofort meine Aufmerksamkeit erregte. Schnell kamen wir ins Gespräch, und am Ende der Reise waren wir bereits Freunde. Sie hieß Shanta Rama Rau und war eine bekannte Schriftstellerin und Autorin zweier bemerkenswerter Bearbeitungen von Edward Morgan Forsters *A Passage to India* (»Auf der Suche nach Indien«), eine für das Theater, die andere für den Film; er war Faubian Bowers, ehemals Adjutant von General MacArthur und Autor eines Buches über das japanische Kabuki-Theater.

Wir erreichten Bombay an einem Morgen im November 1951. Ich erinnere mich an die Intensität des Lichts, obgleich es noch sehr früh war, und auch an meine Ungeduld ob der Langsamkeit, mit der das Schiff durch die stille Bucht glitt. Eine ungeheure Masse flüssigen, kaum gewellten Quecksilbers; schemenhafte Hügel in der Ferne; Vogelschwärme; ein bleicher Himmel mit rosa Wolkenfetzen. Je näher das Schiff dem Hafen kam, desto größer wurde die Aufregung der Passagiere. Allmählich tauchten weiße und blaue Bauten der Stadt auf, Rauchschwaden eines Schornsteins, ockerfarbene und grüne Flecke eines in der Ferne liegenden Parks. Ein steinerner Bogen wurde sichtbar, auf einem Quai errichtet und von vier Türmchen in Form eines Pinienzapfens gekrönt. Jemand in meiner Nähe, wie ich auf die Reling gestützt, jubelte: *»The Gateway of India!«* Es war ein Engländer, ein Geologe, der nach Kalkutta wollte. Ich hatte ihn einige Tage zuvor kennengelernt und erfahren, daß er ein Bruder des Dichters W.H. Auden war. Er erklärte mir, der Bogen sei ein Monument, das 1911 zum Empfang Georges II. und seiner Gemahlin Mary errichtet worden war. Es kam mir vor wie eine spleenige Variante der römischen Triumphbögen. Später erfuhr ich, daß der Stil dieses Bogens dem nachempfunden worden war, der im 16. Jh. in Gujarat, einer indischen Provinz, vorherrschte. Hinter dem Monument, in der flimmrigen Luft verschwimmend, war die Silhouette des Hotels Taj Mahal zu erkennen, eine riesige Torte, Fiebertraum eines Orients um die Jahrhundertwende, eine pompöse Pracht, nicht aus Sahne, sondern aus Stein, wie in Bombays Schoß gefallen. Ich rieb mir die Augen: kam das Hotel näher, oder entfernte es sich? Als er meine Verwunderung bemerkte, erzählte mir der Geologe Auden, daß die Ausrichtung des Hotels auf einem Irrtum beruhe: die Baumeister hatten die Pläne des Architekten, die ihnen aus Paris geschickt worden waren, nicht zu interpretieren gewußt und das Gebäude seitenverkehrt errichtet, das heißt mit der Stirnseite zur Stadt und mit dem Rücken zum Meer. Dieser Irrtum schien mir eine »Fehlleistung«, die eine unbewußte Negation Europas verriet, wie auch den Wunsch, für immer in Indien zu bleiben. Eine symbolische Geste, etwa so wie das Verbrennen der Schiffe von Cortés. Wie viele mochten diese Versuchung verspürt haben?

Einmal an Land, umgeben von einer Menschenmenge, die auf Englisch und in verschiedenen einheimischen Sprachen durcheinanderschrie, schoben wir uns etwa fünfzig Meter den schmutzigen Quai voran und kamen zu dem heruntergekommenen Zollgebäude. Es war ein riesiger Schuppen. Dort herrschte eine drückende Hitze, und die Unordnung war unbeschreiblich. Nicht ohne Mühe identifizierte ich mein bißchen Gepäck und unterzog mich dem umständlichen und lästigen Verhör durch den Zollbeamten. Ich glaube, Indien und Mexiko haben die schlechteste Zollabfertigung der Welt. Endlich frei, verließ ich die Baracke und stand auf der Straße inmitten des Geschreis von

Lastträgern, Fremdenführern und Taxifahrern. Schließlich fuhr mich ein Taxi in einem Wahnsinnstempo in mein Hotel, das Taj Mahal. Wäre dieses Buch kein Essay, sondern ein Erinnerungsbuch, würde ich diesem Hotel mehrere Seiten widmen. Es ist zugleich wirklich und schimärisch, prunkvoll und bequem, kitschig und exquisit. Es ist der englische Traum Indiens zu Beginn des Jahrhunderts, bevölkert von finster dreinblickenden Männern mit gezwirbelten Schnurrbärten und dem Krummsäbel am Gurt, von Frauen mit bernsteinfarbener Haut, schwarzen Augenbrauen, schwarzem Haar wie Rabenflügel und mit den großen Augen einer brünstigen Löwin. Seine Bögen mit verworrenen Ornamenten, seine unerwarteten Winkel, seine Innenhöfe, Terrassen und Gärten bezaubern und machen uns schwindlig. Es ist eine literarische Architektur, ein Fortsetzungsroman. Seine Flure sind die Korridore eines prunkvollen, unheimlichen und nicht endenden Traums. Das Szenarium für eine sentimentale Geschichte wie auch für eine Chronik des Lasters. Doch das Taj Mahal gibt es nicht mehr; genauer gesagt, man hat es modernisiert und damit entwürdigt, so als wäre es ein Motel für Touristen in Middle West ... Ein Diener mit Turban und makellos weißem Jackett führte mich in mein Zimmer. Es war klein, aber freundlich. Ich verstaute meine Sachen im Kleiderschrank, badete kurz und zog mir ein weißes Hemd an. Dann lief ich die Treppe hinunter auf die Straße. Dort draußen erwartete mich eine ungewohnte Wirklichkeit:

Wallende Hitzeschwaden, langgestreckte graue und rote Gebäude wie die eines viktorianischen London, zwischen Palmen und Bananenstauden einem hartnäckigen Alptraum gleich, lepröse Mauern, breite Prachtstraßen, hohe unbekannte Bäume, übelriechende Gassen,

Ströme von Autos, ein Hin und Her von Leuten, herrenlose, zum Skelett abgemagerte Kühe, Bettler, quietschende Karren, von willensschwachen Ochsen gezogen, Pulks von Radfahrern,

irgendein Überlebender des British Raj im abgeschabten unerläßlichen weißen Anzug und mit schwarzem Stockschirm,

wieder ein Bettler, vier halbnackte Heilige, wie dort hingekleckst, rötliche Betelflecken auf dem Pflaster,

Hupduelle zwischen einem Taxi und einem staubigen Autobus, noch mehr Fahrräder, weitere Kühe und noch ein halbnackter Heiliger,

an einer Straßenecke ein Mädchen wie eine sich öffnende Knospe,

Schwaden von Gestank, faulende Materie, und hin und wieder ein Hauch frischen und reinen Duftes,

kleine Verkaufsstände mit Kokosnußschnitzen und Ananasscheiben, zerlumpte Herumtreiber ohne Arbeit noch Einkommen, eine Bande Jugendlicher wie ein Rudel Hirsche,

Frauen in roten, blauen, gelben Saris, berauschende, sonnige und nächtliche Farben, dunkelhäutige Frauen mit Fußkettchen und in Sandalen, die nicht dazu gemacht sind, um auf heißem Asphalt zu gehen, sondern über eine Wiese,

von der Hitze ermattete öffentliche Anlagen, Affen auf den Kranzgesimsen der Gebäude, Kot und Jasmin, herumlungernde Kinder,

eine Bananenstaude, Sinnbild des Regens, so wie der Kaktus das Emblem der Trockenheit ist, und an eine Mauer gelehnt ein mit roter Farbe beschmierter Stein, davor ein paar welke Blumen: die Silhouette des Affengottes,

das Lachen eines jungen Mädchens, schlank wie der Stengel einer Narde, ein Leprakranker sitzt vor der Statue eines Parsi-Führers,

vor der Tür einer ärmlichen Behausung, teilnahmslos in die Menge blickend, ein alter Mann mit edlem Antlitz,

ein üppiger Eukalyptusbaum inmitten der Trostlosigkeit einer Müllhalde, auf einem öden Grundstück das riesige Plakat mit dem Foto eines Filmstars: Vollmond über der Terrasse des Sultans,

weitere verfallene Mauern, getünchte Wände, und darauf politische Parolen in für mich unverständlicher roter und schwarzer Schrift,

schwarze und goldene Gitter vor einer Luxusvilla mit der schamlosen Inschrift: *Easy Money*, und noch prächtigere Gitter, durch die ein üppiger Garten zu sehen ist, am Tor eine goldene Inschrift auf schwarzem Marmor,

an einem Himmel von intensivem Blau das Kreisen oder der Zickzackflug von Sperbern und Geiern, Raben, Raben, Raben...

Am Abend kehrte ich erschöpft ins Hotel zurück. Ich aß in meinem Zimmer, aber die Neugier war stärker als meine Müdigkeit, und nach einem weiteren Bad eilte ich erneut auf die Straße. Auf den Gehsteigen lagen viele weiße Bündel: Männer und Frauen ohne Obdach. Ich nahm ein Taxi und fuhr durch öde Stadtbezirke und dichtbevölkerte Viertel, Straßen, belebt vom doppelten Fieber des Lasters und des Geldes. Ich sah Monster und wurde von aufblitzender Schönheit geblendet. Ich streifte durch verruchte enge Gassen und linste in Bordelle und elende Buden: schauderhaft angemalte Huren und Transvestiten mit Glasperlenketten und in grellfarbenen Röcken. Ich schlenderte durch Malabar Hill und seine heiteren Gärten. Ich ging durch eine einsame Straße, und an deren Ende bot sich mir ein schwindelerregender Anblick: dort unten brandete das schwarze Meer gegen die Felsen der Küste und bedeckte sie mit einem Mantel aus brodelndem Schaum. Dann nahm ich wieder ein Taxi und fuhr zum Hotel zurück. Doch ich ging nicht hinein; die Nacht zog mich an, und ich beschloß, noch einen Spaziergang auf der großen Avenue entlang den Quais zu machen. Es war eine Zone der Ruhe. Am Himmel glänzten still die Sterne. Ich setzte mich unter einen großen Baum, eine Statue der Nacht, und versuchte zu resümieren, was ich gesehen, gehört, gerochen und empfunden hatte: Schwindel, Entsetzen, Benommenheit, Verwunderung, Freude, Begeisterung, Ekel, unwiderstehliche Anziehung. Aber was zog mich an? Schwer zu sagen: *Human kind cannot bear much reality.* Ja, die Wirklichkeit wird durch das Übermaß unwirklich, und diese Unwirklichkeit war für mich plötzlich zu einem Balkon geworden, von dem aus ich wonach Ausschau hielt? Nach etwas Jenseitigem, das noch keinen Namen hat...

Meine plötzliche Faszination schien mir nicht ungewöhnlich: Zu jener Zeit war ich ein junger wilder Dichter. Jugend, Poesie und Wildheit schließen einander nicht aus: im Blick des Wilden liegt Unschuld, in dem des jungen Mannes Lebenslust und in dem des Dichters Erstaunen. Am nächsten Tag rief ich Shanta und Faubian an. Sie luden mich auf ein Glas zu sich ein. Sie wohnten zusammen mit Shantas Eltern in einer herrschaftlichen Villa, die, wie alle anderen in Bombay, von einem Garten umgeben war. Auf der Terrasse setzten wir uns um einen Tisch mit Erfrischungen. Kurz darauf erschien Shantas Vater, ein eleganter Mann. Er war der erste Botschafter Indiens in Washington gewesen und hatte seinen Posten erst kürzlich aufgegeben. Als er meine Nationalität erfuhr, fragte er mich lachend: »Und Mexiko, ist es einer der Streifen oder einer der Sterne?« Ich wurde rot und war drauf und dran, ihm eine freche Antwort zu geben, aber Shanta intervenierte und entgegnete mit einem Lächeln: »Entschuldige, Octavio. Die Europäer verstehen nichts von Geographie, und meine Landsleute nichts von Geschichte.« Mr. Rama Rau entschuldigte sich: »Es sollte nur ein Scherz sein ... Wir waren bis vor kurzem ja selbst eine Kolonie.« Ich mußte an meine Landsleute denken: auch sie redeten ähnlichen Unsinn, wenn sie von Indien sprachen. Shanta und Faubian fragten mich, ob ich schon einige der berühmten Gebäude und Orte gesehen habe. Sie empfahlen mir, das Museum zu besuchen und vor allem die Insel Elephanta.

Tags darauf ging ich zum Hafen und bestieg ein kleines Boot, das den Fährdienst zwischen Bombay und Elephanta versah. Mit mir fuhren ein paar Touristen und einige wenige Inder. Das Meer war ruhig; wir überquerten die Bucht unter einem wolkenlosen Himmel und erreichten die kleine Insel in weniger als einer Stunde. Hohe weiße Felsen und eine üppige, unbändige Vegetation. Wir folgten einem rötlichgrauen Pfad, der uns zum Eingang einer riesigen Höhle führte. Ich betrat eine Welt aus Halbdunkel und jäher Helligkeit. Die Spiele des Lichts, die Weite der Räume und deren unregelmäßige Form, die aus den Felswänden gehauenen Figuren, alles verlieh dem Ort die Note von etwas *Heiligem*, in des Wortes tiefster Bedeutung. Zwischen Licht und Schatten die Reliefs und die mächtigen Skulpturen, viele von ihnen durch den religiösen Fanatismus der Portugiesen und der Moslems beschädigt, doch alle majestätisch, kompakt, aus Sonnenmaterie geschaffen. Körperliche Schönheit, zu lebendem Stein geworden. Gottheiten der Erde, sexuelle Verkörperungen abstraktesten Denkens, Götter, die zugleich intellektuell und sinnlich, furchtbar und friedlich sind. Shiva lächelt von einem Jenseits her, wo Zeit ein dahinschwebendes Wölkchen ist und dieses plötzlich zu einem Wasserstrahl wird, der sich seinerseits in ein schlankes Mädchen verwandelt, das der Frühling selbst ist: die Göttin Pārvatī. Das göttliche Paar ist das Inbild des Glücks, das unsere Sterblichkeit uns nur bietet, um es gleich darauf zu nichts werden zu lassen. Diese tastbare, greifbare und ewige Welt ist nicht für uns. Es ist die Vision eines zugleich irdischen und unerreichbaren Glücks. So begann meine Initiation in die Kunst Indiens.

Delhi

Eine Woche später nahm ich den Zug nach Delhi. Ich hatte keinen Fotoapparat bei mir, doch einen zuverlässigen Reiseführer: *Murray's Handbook of India, Pakistan, Burma and Ceylon* in der Ausgabe von 1949, tags zuvor am *bookstall* im Hotel Taj Mahal gekauft. Auf der ersten Seite drei Zeilen von Milton:

India and the Golden Chersonese
And utmost Indian Isle Trapobane,
Dusk faces with white silken turbans wreathed.

Jene endlose Bahnfahrt mit Stationen voller Menschen und Verkäufern von Krimskrams und Süßigkeiten gemahnte mich nicht an die Visionen dieses englischen Dichters des 17. Jh., sondern an die Verse von López Velarde, einem mexikanischen Dichter des 20. Jh.

... Patria: tu casa todavía
es tan grande que el tren va por la vía
como aguinaldo de juguetería ...

... mein Vaterland: so groß ist noch dein Haus,
daß auf dem Gleis der lange Zug
sieht wie ein Kinderspielzeug aus ...[1]

Auf dieser bisweilen trostlosen Reise, geprägt von Eintönigkeit, die eines der Attribute unermeßlicher Weite ist, mußte ich an eine andere, nicht weniger lange Reise denken, die ich in meiner Kindheit mit meiner Mutter von Mexiko-Stadt nach San Antonio in Texas gemacht hatte. Es war in der Schlußphase der me-

1 Übertragen von Lothar Klünner.

xikanischen Revolution. Um uns vor Überfällen der Guerrilleros auf die Züge zu schützen, fuhr eine Militäreskorte mit. Meine Mutter traute den Offizieren nicht: sie wollte sich in den USA mit meinem Vater treffen, den man aus politischen Gründen verbannt hatte und der Gegner dieser Militärs war. Ihr kamen die Gehängten nicht aus dem Sinn, die mit heraushängender Zunge an den Telegraphenmasten längs der Bahnstrecke baumelten. Sie hatte so etwas auf anderen Fahrten von Mexiko-Stadt nach Puebla gesehen. Als wir durch eine Gegend fuhren, wo kurz zuvor eine Gruppe Aufständischer gegen die Regierungstruppen gekämpft hatte, bedeckte sie rasch mit einer Hand mein Gesicht, während sie mit der anderen das Rollo des Abteilfensters herunterzog. Ich war halb eingeschlafen, doch bei ihrer Handbewegung öffnete ich die Augen: schemenhaft sah ich etwas Dunkles, Langes, das an einem Mast hing. Die Erscheinung war höchst flüchtig, und ehe mir bewußt werden konnte, was ich da gesehen hatte, war sie verflogen. Ich war damals etwa sechs Jahre alt, und während ich nun in die endlose Weite Indiens hinaussah, erinnerte ich mich an diese Begebenheit und mußte an die Massaker von 1947 zwischen Hindus und Moslems denken. Ein Massaker am Rande einer Bahnlinie, in Mexiko wie in Indien ... Von Anfang an rief alles, was ich hier sah, ohne daß ich es wollte, vergessene Bilder aus Mexiko in mir wach. Indiens Fremdheit erweckte in meinem Geist die andere Fremdheit, die meines eigenen Landes. Die Verse Miltons und ihr Exotismus verschmolzen mit meinem eigenen, ganz persönlichen Exotismus als Mexikaner. Ich hatte gerade *El laberinto de la soledad* (»Das Labyrinth der Einsamkeit«) geschrieben, ein Versuch, auf die Fragen zu antworten, die Mexiko mir stellte; nun konfrontierte Indien mich mit anderen Fragen, die noch umfassender und rätselhafter waren.

In Neu-Delhi quartierte ich mich in einem kleinen, netten Hotel ein. Die Stadt ist so irreal wie die im vergangenen Jahrhundert in London errichteten gotischen Bauten oder das Babylon von Cecil B. DeMille. Will sagen, sie ist mehr ein Komplex von Bildern als von Gebäuden. Ihr ästhetisches Äquivalent ist weniger in der Architektur als im Roman zu finden: durch diese Stadt gehen heißt, durch die Seiten eines Werkes von Victor Hugo, Walter Scott oder Alexandre Dumas spazieren. Die Geschichte und die Epoche sind andere, doch der Zauber ist derselbe ... Neu-Delhi ist nicht im Laufe der Zeit, durch Jahrhunderte hindurch und mit der Inspiration mehrerer Generationen entstanden, sondern wie Washington von einem einzigen Architekten in wenigen Jahren geplant und von Sir Edwin Lutyens erbaut worden. Trotz des eklektizistischen Stils – eine pittoreske Vision der klassischen europäischen Architektur und der Indiens – ist das Ensemble nicht nur von großem Reiz, sondern in vielen Teilen auch imponierend. Die gewaltigen Marmormassen des Rashtrapati Bhavan, des Palastes des ehemaligen Vizekönigs, heute Residenz des Präsidenten der Republik, haben Größe. Dessen Gärten im Mogulstil sind perfekt gestaltet und gemahnen an ein Schachbrett, bei dem jedes Feld eine Baumgruppe oder ein Springbrunnen wäre. Es gibt noch andere bemerkenswerte Gebäude im gleichen Mischstil. Die Anlage der Stadt ist harmonisch: breite, von Bäumen gesäumte Avenuen, kreisrunde Plätze und eine große Anzahl öffentlicher Parks. Neu-Delhi wurde als Gartenstadt konzipiert. 1985, bei meinem letzten Besuch, bestürzte mich jedoch ihr Verfall. Die rasante Zunahme der Bevölkerung, der Autos und ihrer Abgase sowie das Entstehen neuer Stadtbezirke, fast alle mit billigen Materialien und in einem geschmacklosen Stil erbaut, haben Neu-Delhi verschandelt. Andererseits sind an manchen Stellen schöne Bauten errichtet worden; zum Beispiel die Botschaft der Vereinigten Staaten wie auch eine andere, kleiner und weniger bekannt: die Belgiens, eine phantasievolle Schöpfung von Satish Gujrat, einem bemerkenswerten Maler, der Architekt wurde und sich von der wuchtigen, wiewohl grandiosen Architektur von Tughlaqābād (14. Jh.)[1] hat inspirieren lassen.

Neu-Delhi ist die letzte einer Reihe von Städten, die alle auf derselben Fläche erbaut worden waren. Die älteste, von der es keine Spuren mehr gibt, war Indraprashta, wie sie in der epischen Dichtung *Mahābhārata* genannt wurde. Man nimmt an, daß fünfzehnhundert Jahre v. Chr. ihre Blütezeit war. Die Stadt, die vor dem heutigen Neu-Delhi existierte, war das Werk eines Enkels von Akbar, des Großmoguls Shah Jahan, dem wir auch das weltberühmte Taj Mahal in Agra (Grabmal für seine frühverstorbene Gemahlin Mumtaz) verdanken. Alt-Delhi, wie die Stadt Shah Jahans heute genannt wird, besitzt, obgleich sie durch die Übervölkerung und die Armut Schaden genommen hat, noch sehr schöne Bauten. Die von brodelndem Leben erfüllten Straßen und Gassen geben uns eine Vorstellung davon, wie die großen Städte des Orients im 17. und 18. Jh. gewesen sein mögen und wie europäische Reisende sie beschrieben haben. Das Rote Fort am Ufer des breiten Flusses Yamuna ist mächtig wie eine Festung und graziös wie ein Palast. In seinen großen Sälen, seinen Gärten und spiegelnden Wassern herrscht die Symmetrie. Fast alle großen Monumente Delhis sind der islamischen Kunst zuzuzählen: Moscheen, Mausoleen, Minarette. Um die große hinduistische Kunst zu sehen, muß man Delhi verlassen. Doch viel zu reisen während dieses meines ersten Aufenthalts in Indien, der gerade nur ein paar Monate dauerte, war mir nicht möglich. Der unerbittliche Manuel Tello veranlaßte erneut meine Versetzung, diesmal nach Tokio. Aber das ist eine andere Geschichte.

Es dürfte nicht leicht sein, einen Turm zu finden, der so gegensätzliche Eigenschaften in sich vereinigt wie die Höhe, die Kompaktheit und die schlanke Eleganz des Qutb Minar (13. Jh.).

1 Dessen imposante und strenge Ruinen kann man in der Nähe Delhis bewundern.

Die rötliche Farbe des Steins, im Kontrast zur Transparenz der Luft und dem Blau des Himmels, verleiht dem Monument die vertikale Dynamik einer riesigen Rakete, die den Himmel durchbohren will. Es ist ein »Siegesturm«, der, im Boden fest verwurzelt, unbeirrt emporstrebt, ein wunderbarer steinerner Baum. Der ursprüngliche Bau scheint das Werk von Prithvīrāja zu sein, dem letzten Hindu-König von Delhi. Der Turm war Teil eines Tempels, der auch die berühmte Eiserne Säule mit einer Inschrift aus der Gupta-Zeit (4. Jh.) beherbergte. Nicht minder schön, aber heiterer, so als hätte die Geometrie beschlossen, fließendes Wasser und Baum-Kolonnade zu werden, ist das Mausoleum des Herrschers Humāyūn. Wie bei den anderen islamischen Mausoleen erinnert nichts in diesem Monument an den Tod. Die Seele des Verstorbenen ist entschwunden, ins Jenseits eingegangen, und sein Leib ist ein Häufchen Staub geworden. Alles hat sich in ein Gebilde aus Kuben, Halbkreisen und Bögen verwandelt: das Universum reduziert auf seine wesentlichen geometrischen Elemente. Die Zeit aufgehoben, in Raum verwandelt, und der Raum in einen Komplex zugleich kompakter und leichter Formen, die einen anderen Raum schaffen, der gleichsam aus Luft besteht. Bauten, die Jahrhunderte überdauert haben und ein Lidschlag der Phantasie zu sein scheinen. Eine Ordnung, aus der, wie in dem Gedicht von Baudelaire, »das unregelmäßige Pflanzliche« verschwunden oder nur noch als stilisierter Wandschmuck anzutreffen ist. Man kann das Mausoleum vergleichen mit einem Gedicht, das nicht aus Wörtern, sondern aus Bäumen, Teichen, Sandwegen und Blumen besteht: strenge Maße, die einander an Ecken kreuzen, welche vorhergesehene und trotzdem überraschende Reime sind.

Im Gegensatz zur hinduistischen Architektur ist in der islamischen nichts plastisch. Einer der großen Reize dieser Bauten ist es, daß sie von Gärten umgeben sind, in denen eine Geometrie waltet, die in regelmäßig sich wiederholenden Variationen besteht. Eine Kombination aus Rasenflächen und Sandwegen, gesäumt von Bäumen. Zwischen Palmenalleen und bunten Beeten große rechteckige Teiche, die je nach Tageszeit und Lichtverhältnissen verschiedene Aspekte der Gebäude und der ziehenden Wolken widerspiegeln. Unermüdliche, immer andere und immer die gleichen Spiele des Lichts und der Zeit. Das Wasser erfüllt eine magische, doppelte Funktion: es spiegelt die Welt wider und läßt sie verschwinden. Wir sehen, und danach bleibt uns nichts als eine Handvoll sich verflüchtigender Bilder. Diese Grabmäler haben nichts Erschreckendes: sie geben uns ein Gefühl von Unendlichkeit und besänftigen das Gemüt. Die Einfachheit und die Harmonie ihrer Formen befriedigen eines der tiefsten Bedürfnisse unseres Geistes: das Verlangen nach Ordnung, nach ausgewogenen Proportionen. Zugleich beflügeln sie unsere Phantasie. Diese Monumente und diese Gärten lassen uns träumen und fliegen. Sie sind magische Teppiche.

Nie werde ich jenen Nachmittag in einer winzigen Moschee vergessen, die ich per Zufall betrat. Kein Mensch war zu sehen. Die Wände aus Marmor trugen Inschriften aus dem Koran. Im Innenhof über mir das Blau eines gleichmütigen und gütigen Himmels, hin und wieder durchquert von einem grünen Schwarm Sittiche. Ich verbrachte dort lange Zeit, ohne etwas zu tun noch an etwas zu denken. Ein Augenblick des Glücks, beendigt erst durch den störenden Rundflug der Fledermäuse. Sie gaben mir zu verstehen, daß es Zeit sei, in die Welt zurückzukehren. Es war eine Vision des Unendlichen im blauen Rechteck eines makellosen Himmels. Jahre später, in Herat, machte ich eine ähnliche Erfahrung. Nicht in einer Moschee, sondern auf dem Balkon eines baufälligen Minaretts. Ich wollte sie in einem Gedicht festhalten. Ich gebe dessen letzte Zeilen hier wieder, weil sie vielleicht besser und schlichter ausdrücken, was ich heute, da ich mich an diese Erlebnisse erinnere, zum Ausdruck bringen möchte:

Ich hatte keine Vision ohne Bilder,
ich sah die Formen nicht kreisen,
bis sie in regloser Klarheit vergingen,
nicht das substanzlose Sein des Sufi sah ich.
Ich trank Fülle nicht in der Leere ...
Ich sah einen blauen Himmel und alle Blaus,
vom Weiß bis zum Grün
den ganzen Fächer der Pappeln,
und auf der Pinie, mehr Luft als Vogel,
die gesprenkelte Amsel.
Ich sah die Welt in sich selber ruhen.
Ich sah die Erscheinungen.
Und ich nannte diese halbe Stunde:
Vollkommenheit des Endlichen.

Trotz der Kürze meines Aufenthalts knüpfte ich einige Freundschaften. Die Inder sind gastlich und pflegen die vergessene Religion der Freundschaft. Viele dieser freundschaftlichen Beziehungen, außer denen, die der Tod abbrach, dauern bis heute an. Es wäre ermüdend, alle diese Freunde und Freundinnen zu erwähnen, doch bei dreien muß ich eine Ausnahme machen: K. Kripallani und seine Frau, Enkelin des Dichters Rabīndranāth Tagore, führten mich in die moderne Hindi- und Bengali-Literatur ein. Ich glaube, daß ich ihnen – oder war es Henri Michaux? – die Bekanntschaft mit Lokenath Bhattacharya verdanke, Verfasser von Erzählungen und Texten, in denen es ihm gelingt, in einem schlichten Stil die weniger greifbare Wirklichkeit, die Abwesenheit, zu evozieren. Narayan Menon, ein angesehener Musikwissenschaftler und Liebhaber der Poesie, der mich mit viel Takt und Geduld in zwei komplexe und subtile Künste einführte: die Musik und den Tanz; und schließlich Satish Gujrat, ein junger, talentierter Maler, dem ich zu einem Stipendium in Mexiko verhelfen konnte. Von meinen Freunden eingeladen und beraten, begann ich Konzerte und Tanzvorführungen zu besuchen. Viele fanden in den schönen Parks des Delhi von damals statt. Diese beiden Künste öffneten mir die Türen zu den Legenden, den Mythen und der Poesie Indiens; zugleich weckten sie in mir tieferes Verständnis der Plastik, die ihrerseits der Schlüssel zur hinduistischen Architektur ist. Man hat gesagt, die gotische Architektur ist Stein gewordene Musik; so könnte man auch sagen, die hinduistische Architektur ist in Stein gemeißelter Tanz. Zu der Zeit jedoch habe ich nur einen flüchtigen Blick auf die indische Kunst werfen können. Mein Aufenthalt wurde unterbrochen, kaum daß er begonnen hatte. Ich packte erneut meine Koffer und nahm das nächste Flugzeug. Mich erwartete eine nicht minder faszinierende Erfahrung: die Japans.

Rückkehr

Elf Jahre später, 1962, kehrte ich als Botschafter meines Landes nach Delhi zurück. Ich blieb etwas länger als sechs Jahre. Es war eine glückliche Zeit; ich konnte viel lesen, es entstanden mehrere Gedicht- und Prosabücher, ich hatte ein paar Freunde, mit denen mich ethische, ästhetische und intellektuelle Interessen verbanden, ich besuchte unbekannte Städte im Herzen Asiens, lernte fremde Sitten kennen und stellte Betrachtungen über Monumente und Landschaften an. Das Schönste für mich dort aber war die Begegnung mit Marie José, die heute meine Frau ist, und dort heirateten wir auch. Es war eine zweite Geburt. Gemeinsam bereisten wir mehrere Male den Subkontinent. Auf meiner ersten Reise hatte ich Gelegenheit gehabt, Birma und Thailand zu besuchen. Auf der zweiten Vietnam, Kambodscha und Nepal. Ich war zudem akkreditiert bei den Regierungen Afghanistans und Ceylons, so daß wir lange Perioden in diesen beiden Ländern verbrachten. Als die internationale Lage es erlaubte, reisten wir im Auto von Neu-Delhi quer durch Pakistan nach Kabul. So konnten wir mehrmals Lahore und andere Städte besuchen, und natürlich auch die ehrwürdigen Ruinen von Taxila. Als wir den Indus überquerten, trafen wir auf Gruppen von Pappeln und Erlen, diese uns vom Mittelmeerraum bekannten Bäume, welche wir wie Freunde begrüßten, die wir lange nicht gesehen hatten. In Peshavar bekommt man ersten Kontakt mit den Pathan, einem Volk von Reitern und Kriegern. Später, im Innern Afghanistans, tauchen Nomaden auf wie die Khoji, und im Grenzgebiet zur ehemaligen Sowjetunion die Usbeken. Peshavar war in der Geschichte des Buddhismus eine glanzvolle Stadt. In ihrer Umgebung gibt es noch mehrere Stupas und andere architektonische Überreste, doch die Religion ist verschwunden, vom Islam verdrängt. Dagegen entdeckten wir im Museum die Kunst der Kafir, beeindruckende Holzskulpturen von Helden zu Fuß und zu Pferde. Die Kafir sind ein indoarisches Volk, das allen Invasionen über mehr als drei Jahrtausende standhielt; es taucht in einer der besten Geschichten von Rudyard Kipling auf: *The Man Who Would Be King* (»Der Mann, der König sein wollte«).[1] Ähnliche Skulpturen sahen wir auch im Museum in Kabul, das außerdem herrliche Stücke der gräko-buddhistischen Kunst besaß. Ich gebrauche die Vergangenheitsform, weil ich nicht weiß, ob der Krieg, der dieses Land verwüstete, nicht auch diese Schätze zerstört hat.

Von Peshavar zum Khyber-Paß: unzählige Invasionen in mehr als drei Jahrtausenden, doch außer dem vagen geschichtlichen

1 Heute heißt die Region, die dieses Volk in den Bergen des Hindukusch bewohnt, Nuristan (Land des Lichts). Es wurde 1895 mit Blut und Feuer zur Religion des Propheten bekehrt. Kafir bedeutet ungläubig, und Kafiristan, wie die Moslems dieses Gebiet nannten, Land der Ungläubigen. Die Kafir sind Indoarier, und bevor sie von den Afghanen besiegt wurden, bekannten sie sich zum Polytheismus mit einem Pantheon von Göttern ähnlich dem der Griechen, Römer, Kelten und Germanen.

Gedächtnis gibt es die Wirklichkeit der menschlichen Imagination: Kipling, seine Geschichten, Romane und Gedichte. Alte Länder der Gandhāra-Dynastie, wo Heere und Religionen aufeinanderstießen – was hat all das vergossene Blut genutzt, was ist von all diesen philosophischen und religiösen Disputen geblieben? Gerade nur eine Handvoll Fragmente, teils bewundernswert, teils kurios: der Kopf eines Bodhisattvas, der ein Apoll sein könnte, ein aus seinem Heiligtum herausgebrochenes Relief, eine Abteilung kushanischer und indogriechischer Krieger, manche mit entstelltem Gesicht als Folge des muslimischen Glaubenseifers, ein Torso, eine Hand, schöne Bruchstücke von Frauenkörpern, durch die Jahrhunderte korrodiert. Dringt man tiefer ins Land ein, erblickt man unweit von Bamian, das durch seine Riesenbuddhas berühmt ist, das Trümmerfeld der Roten Stadt, wie man sie nannte, die von Dschingis-Khan völlig verwüstet wurde. Der Besuch in Balch (das alte Baktra) ist enttäuschend: durch die Zeit, die Kriege und mangelnde Pflege wurden selbst noch die Ruinen zerstört. Aber es ist schön, durch dieses Land mit stolzen Menschen, kahlen Bergen und kleinen fruchtbaren Tälern zu reisen. Den Amu-Darya (der Oxus bei Herodot) zu betrachten und seine gewaltigen Wasser dahinfließen zu sehen beruhigt den Geist: das Wasser ist stärker als die Geschichte. Oder wie der chinesische Dichter sagt: *Das Reich zerfällt, es bleiben die Berge und Flüsse.* In jenen Tagen hatte die Französische Archäologische Mission die Reste eines Alexandria am Oxus entdeckt, noch eine der Städte dieses Namens, die Alexander auf seinem Feldzug durch diese Länder gegründet hatte.

Auch unternahmen wir viele Reisen in den Süden Indiens: Madras, Mahabalipuram, Madurai, Tanjore, Chidambaram. Viele dieser Ortsnamen finden sich in meinen Gedichten jener Jahre. Und dann der Sprung, die Sprünge, nach Ceylon, das heute Sri Lanka heißt. Dort besuchten wir Kandy, Anuradhapura und ... doch wozu fortfahren? Aufzählungen langweilen, und diese ist darüber hinaus recht sinnlos. Doch muß ich, Ceylon betreffend, eine kleine Anekdote erzählen. Bei einem unserer Besuche verbrachten Marie José und ich einige Zeit in einem Haus, das uns ein Freund aus Colombo zur Verfügung gestellt hatte. Es stand auf einem Vorgebirge am Meer, von wo aus man die Festung von Galle sehen konnte, die im 16. Jh. von den Portugiesen gegründet worden war. Der heutige Bau datiert aus der Zeit der Holländer. In der Nähe gibt es eine Bucht, wo zwischen Felsen Süßwasser hervorquillt, das sich in einem weißen Strahl ins Meer ergießt. An dieser Stelle ankerten die portugiesischen Schiffe, um sich mit frischem Wasser zu versorgen. Nicht weit davon, nur durch einen Hügel getrennt, über den ein Pfad führt, liegt ein kleines Fischerdorf mit einem winzigen, unter Kokospalmen halb verborgenen buddhistischen Tempel, der betreut wird von einem Dutzend meist junger und fröhlicher Mönche. Der Sand des Strandes ist fein und golden, das Meerwasser blaugrün und kristallklar, so daß man auf dem Grund die rosa Korallenformationen sehen kann. Ein paradiesischer Ort, und zu jener Zeit noch unberührt. Wie groß war meine Überraschung, als ich ein Jahr später erfuhr, daß dreißig Jahre zuvor Pablo Neruda an eben diesem Ort gelebt hatte und daß er ihn, wie er einem Freund schrieb, abscheulich fand. Der Mensch ist die Menschen; jeder von uns ist anders. Trotzdem sind wir alle gleich.

Ich habe all diese Namen erwähnt, als wären sie Talismane, die, wenn man sie reibt, Bilder, Gesichter, Landschaften, Augenblicke wiederbeleben. Auch Beweise sind sie: sie bezeugen, daß meine indische Edukation mehrere Jahre dauerte und sich nicht bloß Büchern verdankte. Auch wenn sie bei weitem nicht umfassend war – ich fürchte, sie ist rudimentär geblieben –, so hat sie mich doch tief geprägt. Es war eine Sensibilisierung, eine künstlerische und geistige Schulung. Ihr Einfluß ist in meinen Gedichten, in meinen Prosaschriften und auch in meinem Leben zu finden.

Während des zweiten Aufenthalts schlossen wir einige Freundschaften. Es würde zu weit führen, sie alle zu erwähnen, doch möchte ich zumindest an den Maler und Dichter J. Swaminathan erinnern, ein Geist, bei dem sich Originalität der Betrachtungsweise mit intellektueller Strenge verband. An den intelligenten Sham Lal, ein großer Kenner sowohl des modernen westlichen Denkens als auch der philosophischen Tradition Indiens, insbesondere der buddhistischen. An Krisnan Khannan, Maler solider und ausgeglichener Werke. An den politischen Essayisten Romesh Thapar, ein Mann von großer Vitalität und scharfem Intellekt, und an seine nicht minder geistreiche und lebhafte Frau Raj; sowie an seine Schwester, die bekannte Historikerin Romila Thapar; an die Romanschriftstellerin Ruth Jhabvala, bekannt nicht nur durch ihre intelligenten Bearbeitungen mehrerer Romane von E.M. Forster für den Film, sondern auch durch ihre eigenen Werke; an Khushwant Singh, den ruhelosen Journalisten und Verfasser einer Geschichte der Sikhs in zwei Bänden; an den Maler Hussain, den ältesten und jüngsten der indischen Maler, mit einem Fuß in der Avantgarde und mit dem anderen in der Tradition; an zwei bedeutende Dichter, Agyeya (S. Vātsāyayana), Patriarch der Hindi-Dichtung, und an den jungen, viel zu früh gestorbenen Shirkant Verma. Eines Abends während unseres letzten Besuchs in Indien – es war der 16. November 1985 – lud Sham Lal einige seiner Freunde zu sich ein. Er hatte *Renga* gelesen, ein Gedicht, das vier Dichter 1969 in Paris gemeinsam geschrieben hatten (Charles Tomlinson, Jacques Roubaud, Edoardo Sanguineti und ich). Er hatte die Idee, das Experiment zu wiederholen, diesmal mit Dichtern der Hindi-Sprache. Wir sagten zu, und sogleich verteilte er unter Agyeya, Verma und mir Blätter Papier. Unser Gedicht, der Tradition der Poesie in Urdu und Hindi folgend, besteht aus einer Strophe zu sechs Versen und zwei Schlußversen in der Art einer Konklusion. Der erste Vers wurde von mir auf spanisch geschrieben; der zweite und dritte von Agyeya in Hindi; der vierte und fünfte von Verma, auch in Hindi; und der sechste erneut von mir, auf spanisch. Sodann schrieb jeder von uns drei Dichtern eine Koda, so daß das Gedicht einen dreifachen Schluß hat. Ich gebe es hier wieder zur Erinnerung an Shirkant Verma, der so jung starb:

Gedicht der Freundschaft

O. P. *Freundschaft ist ein Fluß und ein Ring.*
A. *Der Fluß fließt durch den Ring.*
Der Ring ist eine Insel im Fluß.
S. V. *Sagt der Fluß: einst gab es keinen Fluß, hernach nur Fluß.*
Einst und hernach sind das, was Freundschaft auslöscht.
O. P. *Sie auslöscht? Der Fluß fließt, und der Ring formt sich.*
A. *Freundschaft löscht die Zeit aus, so befreit sie uns.*
Sie ist ein Fluß, der im Fließen seine Ringe erfindet.
S. V. *Im Sand des Flusses verlöschen unsere Spuren.*
Im Sand suchen wir den Fluß: wohin bist du gegangen?
O. P. *Wir leben zwischen Vergessen und Erinnern: dieser Augenblick*
ist eine Insel, bekämpft von der unaufhörlichen Zeit.

Auch Musiker hatten wir zu Freunden, unter ihnen Chatur Lal, ein großer Meister der *Tabla*, der mehr Whisky trank als ein Schotte. Und Maler: Gaytonde, dessen abstrakte Landschaften, ohne der Wirklichkeit zu ähneln, Bombay in der Dämmerung darstellten; J. Kumar, ein fröhlicher Mensch und Meister strenger Konstruktionen; Ambadas, der heute in Norwegen lebt ... Und zwei bemerkenswerte Frauen: Pupul Jayakar, bekannte und anerkannte Autorin mehrerer schöner Bücher, unentbehrlich für jeden, der einen Aspekt der indischen Tradition, nämlich ihre faszinierende Volkskunst, kennenlernen möchte. Und Usha

Bhagat, eine große Expertin der Volksmusik Nordindiens ... Unvergeßlich Raimundo Panikkar, zugleich Theologe und Zugvogel in allen Klimaten, von Benares bis Santa Barbara in Kalifornien. Er war ein Mann von sprühendem Geist, mit dem ich viele Stunden diskutierte, und nicht, wie man annehmen könnte, über irgendeine Doktrin des Thomas von Aquin oder einen Gedanken von Pascal, sondern über einen strittigen Punkt der Gītā oder ein buddhistisches Sutra. Nie habe ich jemanden die buddhistische Häresie mit solch dialektischem Furor attakkieren hören wie Panikkar vom Standpunkt der Shaṅkara-Orthodoxie aus. Ein anderer scharfzüngiger Gesprächspartner war Nirad C. Chaudhuri. Ein Gnom, ein Irrwisch, der uns, kaum daß er den Mund aufmachte, mit seinen bizarren Einfällen, seinen geistreichen und kühnen Reflexionen, seinen arbiträren Meinungen, seiner Kultur und seinen Sarkasmen, seiner mutigen, frechen Aufrichtigkeit fesselte. Chaudhuri ist der Verfasser eines Meisterwerks, *The Autobiography of an Unknown Indian* (»Autobiographie eines unbekannten Inders«), und mehrerer scharfsinniger und sarkastischer Essays über sein Land und seine Landsleute. Sein letztes Buch, *Thy Hand, Great Anarch! India, 1921-1952*, ein Band von über neunhundert Seiten, ist vielleicht zu ausführlich für einen Ausländer, der sich für Details und Interna der indischen Politik nicht besonders interessiert, doch es enthält herrliche Seiten, welche die moderne Geschichte Indiens in einem anderen, einem unbarmherzigen, aber realeren Licht erscheinen lassen. Das Schlußkapitel, »Credo ut Intelligam«, ist ein philosophisches und moralisches Testament, das uns zugleich bewegt und nachdenklich stimmt.

Raja Rao, den Romancier und Essayisten, hatte ich bereits kurz vor meiner zweiten Indienreise 1961 in Paris bei dem Dichter Yves Bonnefoy kennengelernt. Am Abend unserer Begegnung entdeckten wir, daß uns beide, wenngleich aus verschiedenen Gründen, die Häresie der Katharer beschäftigte. Ihn

Hochzeit von Shiva und Parvati, Shivatempel, Elephanta, 7./8. Jh.

Stifterehepaar, Standbild der chaitya *von Karli, 2. Jh.*

Asketischer Buddha, Gandhara, 2. Jh.

Die Trimurti, Shivatempel, Elephanta

Yakshis, *Säulen von Bhutesar, Mathura, 2. Jh.*

Apsaras, *Fresken von Sigirya, Sri Lanka, 5. Jh.*

Betrunkene Kurtisane, Mathura, 1./2. Jh.

wegen ihres philosophischen und religiösen Geistes; mich wegen der – meines Erachtens recht lockeren und rein durch die Umstände bedingten – Beziehung zwischen dem Katharismus und der »höfischen Liebe«. Wir wurden Freunde, und auf jeder seiner Reisen nach Delhi – er war Professor an einer nordamerikanischen Universität – versäumte er nicht, mich zu besuchen. Wir sind uns später auch an anderen Orten begegnet. Das letzte Mal in Austin, auf einem Poesie-Festival. Ich machte ihn mit dem Dichter Czesław Miłosz bekannt, der wie er selbst tief religiös ist und ein philosophisches Temperament hat. Sie empfanden sofort Sympathie füreinander und führten lange, angestrengte Gespräche. Wie ich sie so diskutieren hörte, fiel mir eine Anekdote ein: Nach der letzten Schlacht, welche die heiligen Bücher prophezeien, tauchen zwischen den Trümmern und Leichen zwei Menschen auf, die einzigen Überlebenden. Kaum treffen sie aufeinander, beginnen sie zu diskutieren. Der eine ist Hindu und Anhänger des Vedānta; der andere Christ, ein Thomist. Angesichts des Hindu versichert der Christ: Die Welt ist ein Akzidens; sie ging hervor aus dem göttlichen *fiat lux*, sie wurde erschaffen, und wie alles, was einen Anfang hat, wird sie auch ein Ende haben: Erlösung gibt es jenseits der Zeit. Der andere entgegnet: Diese Welt hatte keinen Anfang und wird auch kein Ende haben; sie ist notwendig und sich selbst genug; Wandlungen verändern sie nicht; sie ist, war und wird immer identisch mit sich selbst sein. Man weiß nicht, wie das Gespräch endete. Besser gesagt: das Gespräch dauert an ...

Gegen Ende 1963 erhielt ich ein Telegramm aus Brüssel, in dem mir mitgeteilt wurde, daß mir der Internationale Preis für Poesie von Knokke-le-Zoute zuerkannt worden ist. Zu jener Zeit war dieser Preis sehr angesehen. Er war kein populärer Preis; wenige wußten, daß es ihn überhaupt gab, aber für diese wenigen – die einzigen, die mich wirklich interessieren – war er mehr als eine Auszeichnung, er war eine Art Bestätigung. Er war zuvor

Saint-John Perse, Ungaretti und Jorge Guillén verliehen worden. Doch die Nachricht verwirrte mich. Von Jugend an schrieb ich Gedichte, und ich hatte schon mehrere Bücher veröffentlicht, doch die Poesie war für mich immer ein geheimer Kult gewesen, dem ich fern der Öffentlichkeit frönte. Bisher hatte ich nie einen Preis bekommen, und nie hatte mich danach verlangt. Preise waren öffentlich; Gedichte geheim. Würde ich nicht, wenn ich den Preis akzeptierte, das Geheimnis preisgeben, mich verraten? In dieser Bredouille befand ich mich, als Raja Rao mich besuchte. Ich erzählte ihm von meinem Dilemma. Er hörte mir zu, schüttelte den Kopf und sagte: »Ich kann Ihnen keinen Rat geben, aber ich kenne jemanden, der Ihnen helfen könnte. Wenn Sie wollen, werde ich Sie morgen mit dieser Person bekannt machen.« Ich willigte ein, ohne weiter zu fragen. Am frühen Nachmittag des nächsten Tages holte er mich ab und führte mich in ein unscheinbares Haus in einem Vorort von Delhi. Es war ein Ashram, ein klösterlicher Ort der Meditation. Der geistige Führer war eine in bestimmten Kreisen sehr bekannte Frau: Mutter Ananda Mai.

Der Ashram war bescheiden, schlicht, doch ohne Strenge, und er ähnelte mehr einer Schule als einem Kloster. Wir gingen durch einen kleinen Innenhof mit zwei welken Rasenflächen und zwei Bäumchen. Eine Tür stand offen, und wir betraten einen kleinen Saal. Dort befanden sich etwa zwölf Personen; die Stühle waren im Halbkreis angeordnet. Hinten in der Mitte saß auf dem Boden eine Frau von ungefähr fünfzig Jahren. Sie war dunkelhäutig, das schwarze Haar fiel lose herab, ihre Augen waren tief und klar, die Lippen voll und schön gezeichnet, die Nasenlöcher breit, wie geschaffen, um tief zu atmen, der Körper füllig und stark, die Hände sprechend. Ihr Sari war aus dunkelblauer Baumwolle. Sie empfing uns mit einem Lächeln – sie kannte Rao seit langem – und bedeutete uns mit einer Handbewegung, Platz zu nehmen. Das Gespräch, durch unser Erscheinen unterbrochen, wurde fortgeführt. Sie sprach Hindi, aber auch Englisch, wenn ein Ausländer ihr Gesprächspartner war. Und während sie sprach, spielten ihre Hände mit den Orangen in einem Korb neben ihr. Plötzlich sah sie mich an, lächelte und warf mir eine Orange zu, die ich auffing und behielt. Mir war klar, daß es sich um ein Spiel handelte und dieses Spiel eine gewisse Symbolik enthielt. Vielleicht wollte sie mir zu verstehen geben, daß das, was wir Leben nennen, weiter nichts als ein Spiel ist. Ananda begann auf englisch zu sprechen und sagte: »Oft werde ich gefragt, wer ich bin. Und ich antworte: Ich bin eine Puppe, die Puppe eines jeden von Ihnen. Ich bin das, was Sie möchten, daß ich sei. In Wirklichkeit bin ich niemand. Eine Frau wie alle anderen. Aber die Puppe, die Sie Ananda, die Mutter, nennen, ist Ihr Geschöpf. Ich bin Ihr Spielzeug ... Stellen Sie mir die Frage, die Sie mir stellen wollen, doch ich sage Ihnen im vorhinein, daß die Antwort nicht die meine sein wird, sondern die Ihre. Es ist wie ein Spiel, das darin besteht, daß jeder sich selbst die Antwort gibt.«

Es wurden mehrere Fragen gestellt – anwesend waren vier oder fünf Europäer und Nordamerikaner, unter ihnen zwei Frauen –, bis die Reihe an mir war. Wie ich zu sprechen beginnen wollte, sagte Ananda: »Raja Rao hat mir von Ihrem kleinen Problem schon berichtet.« – »Und was denken Sie?« fragte ich. Sie begann zu lachen: »Welche Eitelkeit! Seien Sie bescheiden und nehmen Sie den Preis an. Doch nehmen Sie ihn an im Bewußtsein, daß er wenig oder nichts wert ist, wie alle Preise. Ihn nicht anzunehmen hieße, ihn überzubewerten, ihm eine Bedeutung zu geben, die ihm nicht zukommt. Es wäre eine dünkelhafte Geste. Falsche Redlichkeit, verkappter Stolz ... Wahre Indifferenz wäre es, den Preis mit einem Lächeln anzunehmen, so wie Sie die Orange, die ich Ihnen zuwarf, angenommen haben. Der Preis macht Ihre Gedichte und Sie selbst nicht besser. Aber kränken Sie nicht jene, die Ihnen diesen Preis geben wollen. Sie haben Ihre Gedichte geschrieben, ohne an Geld zu denken. Verhalten Sie sich jetzt entsprechend. Wichtig sind nicht die Preise, sondern die Form, in der sie empfangen werden. Indifferenz ist das einzige, was zählt.«

Eine ältere Dame aus Deutschland wollte sich einschalten, doch Ananda winkte ab und sagte: »Genug für heute ...« Ich erwartete, daß die Zusammenkunft, wie das bei anderen Kongregationen Brauch ist, mit dem Singen einer Hymne beendet werde. Dem war nicht so: ohne großes Zeremoniell forderten zwei Helfer von Mutter Ananda uns zum Gehen auf. Einige blieben im Innenhof, ohne Zweifel warteten sie auf eine private Konsultation. Raja Rao nahm mich am Arm, und als wir zu unserem Wagen kamen, fragte er mich: »Sind Sie zufrieden?« Ich antwortete: »Aber ja doch, und ob ich es bin. Nicht wegen des Preises, sondern wegen dem, was ich gehört habe ...« Rao sagte noch: »Ich weiß nicht, ob Sie gemerkt haben, daß Ananda lediglich wiederholt hat, was die Gītā sagt.« Nein, ich hatte das nicht gemerkt. Erst Jahre später begriff ich: geben und nehmen sind identische Akte, wenn sie mit Indifferenz ausgeführt werden.

Ananda Mais Worte ermutigten mich, den Preis zu akzeptieren. Um ihn entgegenzunehmen, reiste ich im folgenden Jahr nach Belgien, doch machte ich auch ein paar Tage in Paris Station. Eines Morgens – Zufall, Schicksal, Wahlverwandtschaft oder wie man diese Zusammentreffen nennen will – begegnete ich dort Marie José. Sie hatte Delhi einige Monate früher verlassen, und ich wußte nicht, wo sie sich aufhielt, wie auch sie nicht wußte, wo ich mich gerade befand. Wir besuchten einander, und etwas später beschlossen wir, gemeinsam nach Indien zurückzukehren. Ich erinnere mich, daß ich eines Abends, kurz bevor ich Paris verließ, André Breton von meiner überraschenden Begegnung mit Marie José erzählte und er mir als Antwort vier Verse eines mysteriösen Gedichts von Apollinaire (»La Tzigane«) zitierte:

On sait très bien que l'on se damne
Mais l'espoir d'aimer en chemin
Nous fait penser main dans la main
A ce qu'a predit la tzigane.

Wir, Marie José und ich, hörten nicht auf das Orakel einer Zigeunerin; unsere Begegnung war ein Wiedererkennen. Gewiß, leben bedeutet Verdammnis, aber auch Wahl: Determinismus und Freiheit. In der Liebesbegegnung verbinden sich diese beiden Gegensätze in rätselhafter Weise, und wenn wir unsere Partner umarmen, umarmen wir unser Schicksal. Ich suchte mich selbst, und auf dieser Suche fand ich meine kontradiktorische Ergänzung, dieses *tú* (du), das zum *yo* (ich) wird, die zwei Silben des Wortes *tuyo* (dein) ... Aber ich schreibe hier nicht meine Memoiren: Mögen diese Seiten auch die Autobiographie streifen, so sind sie doch nur eine Einführung zu meinen Versuchen, eine Antwort zu geben auf die Frage, die Indien jedem stellt, der es besucht.

Zu den Obliegenheiten meines Amtes gehörte es auch, Kontakte zu verschiedenen Politikern zu pflegen. Vor allem erinnere ich mich an Nehru. Es sollten seine letzten Lebensjahre sein. Trotz seiner sichtlichen Ermüdung überraschte mich immer wieder seine Eleganz: ein Anzug von makellosem Weiß mit einer Rose im Knopfloch. Es war nicht schwer zu erraten, daß seine zwei großen Leidenschaften die Politik und die Frauen waren. Er war ein Aristokrat, und die Jahre des Kampfes, die Gefängnisse, die Diskussionen mit seinen Weggefährten und seinen Gegnern, die täglichen Auseinandersetzungen mit der Masse oder mit dem diplomatischen Zirkus, nichts hatte seinen kultivierten Umgangsformen, seiner vornehmen Haltung und seinem Lächeln Abbruch tun können. Wenn ich ihn einen Aristokraten nenne, denke ich zuerst an seine Herkunft: ein Brahmane aus Kaschmir, Sohn eines berühmten und reichen Vaters, Motilal Nehru; sodann an seine anglikanische Erziehung, die ihm zur zweiten Natur wurde. Nie sprach er Hindi, sondern Urdu und das umgangssprachliche Hindustani. 1931 schrieb Gandhi einmal folgendes über Nehru: »Er ist in seiner Art, zu denken und sich zu kleiden, mehr Engländer als Inder; oft fühlt er sich unter Engländern wohler als unter seinen Landsleuten ...« Nehru war ein Mann der westlichen Kultur; weder in seinem Denken noch in seinen Worten findet sich eine Spur von Sympathie oder Affinität zur doppelten religiösen Tradition Indiens, der hinduistischen und der islamischen. Ihn interessierte, was die jungen Künstler machten: Eines Tages erschien er zu unserer Überraschung zu einer Vernissage in einer unbekannten Galerie, wo eine Gruppe junger Ikonoklasten, angeführt von J. Swaminathan, eine Ausstellung organisiert hatte, zu der ich eine kurze Einführung geschrieben hatte. Am Ende erlebte er bittere Tage: der Konflikt mit China. Seine ganze internationale Politik in diesen Jahren – wie aus den Reden Krishna Menons zu ersehen ist, der, glaube ich, sein böser Geist war – zielte darauf ab, eine antiwestliche Front zu schaffen, deren einer Flügel die Organisation der blockfreien Staaten war und der andere die des »sozialistischen« Blocks. Hat er seine schreckliche Fehlkalkulation eingesehen ...?

Mit Nehru hatte ich eigentlich wenig zu tun. Mehr Kontakt hatte ich zu Indira, seiner Tochter, als sie nach dem Tode ihres Vaters Ministerin für Information wurde, und später, als sie das Amt der Premierministerin übernahm. Indira konsultierte mich gelegentlich in Sachen lateinamerikanischer Kultur und Politik. Sie war eine zurückhaltende, aber umgängliche Frau; ihre Fragen und Bemerkungen waren knapp und betrafen konkrete Dinge, ganz im Gegensatz zu ihrem Vater. Während vieler Jahre war sie seine Vertraute gewesen, seine rechte Hand und seine Ratgeberin. Eine seltsame Verbindung von Kindesliebe und politischer Leidenschaft, die später zu einer noch explosiveren Mischung aus

Mutterliebe und politischen Interessen werden sollte. Zuerst protegierte sie ihren jüngeren Sohn, Sanjay, den sie sorgfältig darauf vorbereitete, ihre Nachfolge anzutreten. Als Sanjay bei einem Flugzeugunglück ums Leben kam, übertrug sie diese Absichten auf Rajiv, ihren anderen Sohn, der dann nach ihrem Tode ihr Nachfolger wurde. Indira Gandhi gehörte einer demokratischen und modernen Tradition an, doch ihre tieferen Gefühle waren traditionell: sie galten der Familie. Obgleich nicht religiös, war sie erfüllt von dem Glauben, einem auserwählten Geschlecht anzugehören (Brahmanen aus Kaschmir!). Es war keine Einbildung, sondern ein Gefühl. Diese Leidenschaft trübte am Ende ihren klaren politischen Verstand und ihren Realitätssinn. Sie war groß geworden in den internen und externen Kämpfen der Kongreßpartei. Diese Erfahrung und ihr Instinkt – sie hatte die Politik im Blut – befähigten sie oftmals, ihre Gegner, Veteranen der Partei, angesehene Männer wie Morarji Desai, die älter waren als sie und im Rufe standen, große politische Strategen zu sein, auszuschalten. Doch ihre Schläue war auch ihr Verderb: um ihre Feinde im Punjab, die Mitglieder ihrer eigenen Partei waren, zu besiegen, versicherte sie sich der Hilfe der Radikalen, die sie später ermorden sollten.

1984, fast sechzehn Jahre nachdem ich mein Amt als Botschafter in Indien niedergelegt hatte, lud man mich ein, in Delhi die alljährliche Gedenkrede auf Jawaharlal Nehru zu halten. Ich verdankte diese Einladung einer Anregung Indira Gandhis. Es war eine große Auszeichnung, die uns, Marie José und mir, zudem die Gelegenheit bot, Indien wiederzusehen. In diesem Jahr hatte mich auch die Japan Foundation eingeladen. Ich beschloß, zuerst Japan zu besuchen, dort meinen Verpflichtungen nachzukommen, dieses wunderbare Land noch einmal zu bereisen und anschließend nach Delhi zu fliegen. Meine Frau und ich befanden uns gerade in Kioto, als wir erfuhren, daß Indira Gandhi von Sikhs ermordet worden war. Die Nachricht erschütterte uns.

Nicht ohne Schwierigkeiten gelang es mir, eine Telefonverbindung nach Delhi zu bekommen. Nach dem Verbrechen war es zu Unruhen und Massakern gekommen; es wurde beschlossen, die Gedenkfeier für Nehru unter diesen Umständen abzusagen, doch die indischen Beamten bestanden darauf, daß ich auf jeden Fall für zwei Wochen nach Delhi komme. Wir fanden ein zerrissenes Land vor. Für die Sikhs war die indische Regierung eine Komplizin der Hindus und ihrer Anschläge gegen sie; für die Hindus vermischte sich der religiöse Eifer mit ihrem Nationalgefühl: der Sikhismus als Religion ist dem Islam sehr nahe. Die Massaker von 1947 hatten sich wiederholt, auch wenn sie nicht so lange andauerten und auf Delhi und andere Hochburgen des Hinduismus beschränkt blieben. Der Mob wütete erneut, viele Sikhs wurden ermordet (ich wüßte nicht zu sagen, wie viele) und ihre Geschäfte geplündert. Einige meiner Freunde, die aus dem Punjab stammten, aber keine Sikhs waren, beschuldigten Indira Gandhi: sie war das erste Opfer eines von ihr selbst geschürten Konflikts geworden. Ich glaube, meine Freunde hatten recht. Auch für mich besteht kein Zweifel, daß Indira Gandhi, vom Dämon der Politik besessen, das Feuer entzündete, das sie verbrannte. Doch die tiefere Wahrheit war und ist eine ganz andere; sie ist keine Frage der Person, denn sie gehört zur Geschichte dieses Landes. Die Inder haben es vermocht, in der Vergangenheit eine große Zivilisation zu schaffen; hingegen waren sie weder imstande, sich als eine einheitliche Nation zu konstituieren, noch einen Nationalstaat zu schaffen. Die Zentrifugalkräfte Indiens sind alt und stark; sie haben das Land nicht zerrissen, da sie, ohne es zu wollen, einander aufheben.

Der neue Premierminister, Rajiv Gandhi, erneuerte die Einladung an mich. Ich hielt meinen Vortrag 1985, ohne zu ahnen, daß auch er bald darauf einem Attentat zum Opfer fallen würde. Jahre vergingen, und gegen Ende 1993 stieß ich unvermutet auf die zwanzig Seiten meines Vortrags. Ich las sie wieder und wurde mir ihrer Unzulänglichkeit bewußt. Erst beschloß ich, das Thema auszubauen, doch nicht zufrieden damit, schrieb ich alles neu. Das Ergebnis ist dieses kleine Buch. Es sind keine Memoiren: es ist ein Essay, der in großen Zügen auf eine Frage zu antworten versucht, welche die persönliche Geschichte überschreitet: Wie sieht ein mexikanischer Schriftsteller am Ende des 20. Jh. die unermeßliche Wirklichkeit Indiens? Ich betone noch einmal: es handelt sich weder um Lebenserinnerungen noch um Evokationen; was ich erlebt und gefühlt habe während der sechs Jahre, die ich in Indien verbrachte, steht in meinem Gedichtbuch *Ladera Este*[1] und in meinem kleinen Prosaband *Der sprachgelehrte Affe.*[2] Bei anderer Gelegenheit habe ich bereits gesagt: Ein Gedichtbuch ist eine Art Tagebuch, in dem der Autor bestimmte außergewöhnliche Augenblicke, glückliche oder unglückliche, festhalten will. So gesehen ist dieses Buch nur eine lange Fußnote zu den Gedichten von *Ladera Este.* Es ist ihr rein intellektueller Kontext.

Ich bin mir bewußt, daß dieser Essay viele und große Lücken aufweist. Zum Beispiel spreche ich kaum von der indischen Literatur und schon gar nicht von den großen epischen Dichtungen, dem *Mahābhārata* und dem *Rāmāyaṇa.* Nicht minder gravierend ist, daß ich mich nicht mit den indischen Märchen, Fabeln und Gleichnissen befasse. Der Einfluß des *Pañcatantra,* »Fünf Bücher von Erzählungen über die Lebensklugheit«, auf die arabischen Länder, auf Persien und Europa war sehr groß. Ich erinnere nur an das Buch *Kalilah und Dimnah,* das ins Lateinische, Spanische, Deutsche, Französische sowie in andere Sprachen übersetzt wurde. Mehrere Fabeln von La Fontaine gehen zurück auf indische Quellen. Weniger berühmt, aber für meinen Geschmack unterhaltsamer sind die *Fünfundzwanzig Erzählungen eines Lei-*

1 Deutsch: »Östlicher Abhang«, in: *Vrindavan und andere Gedichte aus dem Osten,* Frankfurt am Main 1994.

2 Frankfurt am Main 1982.

chendämons, die der Sammlung *Bṛhatkathā* (»Ozean der Erzählungsströme«) entnommen sind und als Vorlage gelten für die »Erzählungen aus den Tausendundein Nächten«. Und noch ein anderes bezauberndes Buch muß ich erwähnen: *Tales of Ancient India* (Chicago 1950), Auswahl und Übersetzung von J. A. B. Van Buitenen. In allen diesen Erzählungen findet sich eine erstaunliche Mischung zweier literarischer Gattungen, die bei uns klar geschieden sind: das Märchen und der Schelmenroman, das Lehrstück und die Libertinage. Es ist dies ein Grundzug, den man auch im Charakter des indischen Volkes findet: ungeschminkter Realismus verbunden mit ausschweifender Phantasie, verschmitzte List und unschuldige Leichtgläubigkeit. Konstante Gegensatzpaare im Wesen der Inder wie Sinnlichkeit und Askese, Gier nach materiellen Gütern und Kult der Indifferenz und der Armut. Aber ich komme auf die Lücken dieses Buches zurück: es sind viele, angefangen bei der Poesie, der Philosophie und der Geschichte bis hin zur Architektur, zur Bildhauerei und zur Malerei. Wegen seiner Unermeßlichkeit und Mannigfaltigkeit verweigert sich das Thema einer Synthese. Zu einer solchen zu gelangen ist auch nicht meine Absicht und überstiege meine Fähigkeiten. Deshalb glaube ich, daß der Titel seinen Charakter definiert: *Vislumbres de la India. Vislumbrar*: etwas erspähen, ausmachen, nur so eben erkennen, flüchtig sehen. *Vislumbres*: Anzeichen, zwischen Licht und Schatten wahrgenommene Wirklichkeiten. All das läßt sich in einem Satz zusammenfassen: Dies ist kein Buch für die Fachleute; es ist nicht die Frucht des Wissens, sondern der Liebe.

RELIGIONEN, KASTEN, SPRACHEN

Rama und Allah

Das erste, was mich in Indien verwunderte – wie das wohl jedem ergeht –, war die Vielfalt starker Kontraste: Modernität und Archaik, Luxus und Armut, Sinnlichkeit und Askese, Sorglosigkeit und Leistungsfähigkeit, Sanftmut und Gewalt, sowie die Vielzahl von Kasten und Sprachen, Göttern und Riten, Bräuchen und Ideen, des weiteren Flüsse und Wüsten, Ebenen und Gebirge, Großstädte und kleine Dörfer, Landleben und Industriewirtschaft durch Jahrhunderte hindurch auf einem Raum. Doch die bemerkenswerteste und für Indien bezeichnende Besonderheit ist nicht ökonomischer oder politischer, sondern religiöser Natur: die Koexistenz von Islam und Hinduismus. Der extremste, strengste Monotheismus gegenüber dem reichsten, differenziertesten Polytheismus ist nicht nur ein geschichtliches Paradoxon, sondern auch eine tiefe Wunde. Islam und Hinduismus stehen zueinander nicht nur im Gegensatz, sie sind unvereinbar. Die Theologie des Islam ist einfach und rigoros; beim Hinduismus ist die Vielfalt von Sekten und Doktrinen schwindelerregend. Ein Minimum an Riten bei den Muslimen; eine Unzahl von Zeremonien bei den Hindus. Der Hinduismus ist ein Komplex komplizierter Zeremonien, der Islam ein einfacher und klarer Glaube. Der islamische Monotheismus postuliert die Vorherrschaft des Einen: ein einziger Gott, eine einzige Lehre und eine einzige Gemeinschaft von Gläubigen. Freilich hat der Islamismus Spaltungen erfahren und erfährt sie noch heute, doch sie sind weder so tief noch so zahlreich wie die des Hinduismus. Dieser letztere akzeptiert nicht nur die Pluralität von Göttern, sondern auch von Doktrinen *(darshanas)*, Sekten und Glaubensgemeinschaften. Einige dieser Glaubensgemeinschaften – echte Religionen innerhalb der großen pluralistischen Religion des Hinduismus – kommen dem christlichen Monotheismus nahe, wie jene der Anhänger Krishṇas; andere gemahnen an den ursprünglichen Polytheismus der indoeuropäischen Völker: Schutzgötter der kosmischen Ordnung, Kriegsgötter und Götter des Ackerbaus und des Handels. Im einen Fall ein schöpferischer Gott; im anderen das Rad der aufeinanderfolgenden kosmischen Zeitalter mit ihrem Troß von Göttern und Menschengeschlechtern.

Der größte Unterschied zwischen Hindus und Moslems zeigt sich in den großen religiösen, dichterischen, geschichtlichen und juristischen Werken; nichts auch ist so grundverschieden wie ihre architektonischen, künstlerischen und literarischen Stile. Handelt es sich um zwei einander gegenüberstehende Zivilisationen auf ein und demselben Territorium, oder sind es zwei Religionen im Schoße einer Zivilisation? Diese Frage läßt sich schwerlich beantworten. Der Hinduismus hat seinen Ursprung in Indien, und seine Beziehung zur Vedenreligion der arischen Stämme, die im zweiten Jahrtausend v. Chr. in den Subkontinent zuwanderten, ist herkunftsbedingt eng. Der Islam dagegen kam von außen, er war bereits voll entwickelt und besaß eine Theologie, der man nichts hinzufügen konnte. Zudem war er der Glaube der fremden Heere, die seit dem 8. Jh. in Indien eindrangen. Er war eine aufgezwungene Religion. Gleichwohl schlug der Islam in Indien sehr bald Wurzeln und wurde in annähernd tausend Jahren der Glaube von Millionen. Während all dieser Jahrhunderte der Koexistenz haben diese zwei Glaubensgemeinschaften ihre Identität bewahrt. Es kam nicht zur Verschmelzung. Trotzdem gibt es vieles, was die moslemischen und hinduistischen Inder verbindet: ähnliche Bräuche, Sprachen, die Heimatliebe, die Küche, die Musik, die Volkskunst, die Kleidung und, um eine Aufzählung, die endlos werden würde, zu verkürzen, die Geschichte. Die Geschichte, die sie verbindet, trennt sie allerdings auch. Ich habe von Koexistenz gesprochen;

ich muß hinzufügen, daß diese Koexistenz eine lang andauernde Rivalität war, bestehend in Verdächtigungen, Drohungen und stillen Kämpfen, die nicht selten zu blutigen Zusammenstößen führten.

Zu ersten Einfällen moslemischer Krieger kam es 712 n.Chr. in der Provinz Sindh. Anfangs handelte es sich um Raubzüge, bald aber wurden daraus Eroberungskriege. Auf die Besetzung des Punjab folgte die Gründung der ersten mohammedanischen Dynastie der Sultane von Delhi (1206). Das Sultanat hatten bis zu seinem Verschwinden im 16.Jh. nacheinander verschiedene Dynastien, alle türkischen Ursprungs, inne. Die Sozialstruktur wurde von den Eroberern und ihren Nachfolgern kaum angetastet, so daß das Leben sich in den Dörfern und kleinen Ortschaften nicht merklich veränderte. Ein großer Wandel jedoch fand in den Städten statt durch die Vertreibung der alten führenden Gruppen – Brahmanen, Kshatriyas, reiche Kaufleute –, welche durch die neue türkische Aristokratie ersetzt wurden. Es war ein religiöser, politischer und wirtschaftlicher Wandel, Folge eines militärischen Sieges. Die Konversionen zum Islam waren zahlreich. Es gehörte zur Politik der Sultane, den Status quo aufrechtzuerhalten, da die Mehrheit der Bevölkerung hinduistisch war und eine Bekehrung durch das Schwert, wie die Orthodoxen sie beabsichtigten, nur zu schweren Unruhen geführt hätte. Gleichwohl »versuchten die Sultane und der Adel immer ihre Vormachtstellung zu bewahren, nicht nur bei den Einheimischen, die keine Moslems waren, sondern auch bei den Indern, die zum Islam übergetreten waren, und sogar bei den muslimischen Türken, die aus weiter entfernten Regionen kamen«.[1]

Das Sultanat von Delhi, obgleich von inneren Kämpfen und Rebellionen ehrgeiziger Adliger erschüttert, wurde zum Zentrum der islamischen Welt. Seine Blütezeit fiel zusammen mit

1 S.M. Ikram, *Muslim Civilisation in India*, Columbia University Press, New York 1964.

dem allgemeinen Niedergang des Islam und der großen Katastrophe, die das Kalifat vernichtete: der Eroberung und Plünderung Bagdads durch die Truppen Dschingis-Khans (1258). Delhi wurde damit zum Hauptanziehungspunkt der islamischen Welt, und viele Intellektuelle und Künstler fanden in der neuen Kapitale Zuflucht. Doch »trotz der kulturellen Bedeutsamkeit Delhis kann man nicht behaupten, daß das Sultanat auf dem Feld der Wissenschaft und der Philosophie eine Periode erlebt hat, die der Bagdads und Córdobas vergleichbar wäre«.[1] Tatsächlich hatte Delhi weder einen Averroes noch einen Avicenna. Die große schöpferische Periode des Islam war beendet. Es ist eines der geschichtlichen Paradoxa des islamischen Indien, daß seine Blütezeit zusammenfällt mit dem Verfall der islamischen Zivilisation. Es gab Dichter von hohem Rang wie Amir Khusrú, der auf Persisch und Hindi schrieb. Bemerkenswert war auch der islamische Anteil auf dem Gebiet der Geschichte, einer Gattung, die es in der Hindu-Literatur praktisch nicht gibt. Nicht weniger bedeutend als die Geschichtsschreibung – und vielleicht bezeichnender vom Gesichtspunkt der Beziehungen zwischen hinduistischer und islamischer Kultur aus – war die Musik. Es ist bekannt, daß die hinduistische Musik die arabische und die Zentralasiens stark beeinflußte. Deshalb habe ich weiter oben gesagt, daß zu den Dingen, welche die zwei Gemeinschaften verbinden, die Musik gehört. Das genaue Gegenteil von dem, was in der Architektur und in der Malerei geschah. Man vergleiche die Höhlentempel von Ellora mit dem Taj Mahal oder die Wandmalereien des Höhlenklosters von Ajanta mit den Miniaturen der Mogul-Dynastie. Wir haben es nicht mit verschiedenen künstlerischen Stilen zu tun, sondern mit zwei unterschiedlichen Weltbildern.

Und die Konversion der einheimischen Bevölkerung? Wie gesagt, nahmen Millionen den neuen Glauben an. Die meisten

1 S.M. Ikram, op. cit.

Konvertiten waren Angehörige der niederen Kasten. Das Phänomen der Konversion erklärt sich, wie im Falle Mexiko, durch die Verbindung mehrerer Umstände: der erste, politischer und militärischer Art, war die Eroberung; sodann bot der Islam die Möglichkeit, die Kette der Reinkarnationen (das schreckliche Gesetz des Karmas) abzuschütteln, was nicht nur eine religiöse, sondern auch eine gesellschaftliche Befreiung bedeutete: der Konvertit wurde in die Gemeinschaft der Gläubigen aufgenommen; der dritte Umstand schließlich war die Aktivität der muslimischen Missionare. Wie die Missionare in Neuspanien predigten auch die Sufis eifrig, und zwar in zwei Regionen, die heute offiziell islamischen Regimen unterstehen: Pakistan und Bangladesh. In der Sufi-Mystik gibt es eine pantheistische Ader, die gewisse Ähnlichkeiten mit dem Hinduismus aufweist. Zwischen dem 13. und dem 15. Jh., also während des Sultanats von Delhi, emigrierten drei Sufi-Orden nach Indien.[1] Ihre Mitglieder übten einen starken Einfluß sowohl auf die Muslime als auch auf die Hindus aus; ihrerseits machten sich viele Muslime den pantheistischen Monismus der hinduistischen Mystiker und Dichter zu eigen: alles ist Gott, und sich mit dem Ganzen vereinen heißt mit Gott eins werden. Eine für das orthodoxe islamische Denken eindeutig häretische Lehre, denn in ihm gibt es zwischen Gott und seinen Geschöpfen eine unüberwindliche Kluft. Der Kampf zwischen der Orthodoxie (Scharia) und der Sufi-Mystik hat die religiöse Literatur des Islam tief geprägt. Dies ist kein Einzelfall: eine ähnliche Spannung herrschte zwischen der Kirche Roms und den mystischen Bewegungen des abendländischen Christentums, von Franz von Assisi bis zu San Juan de la Cruz.

Die Sufi-Tradition während des Sultanats von Delhi ist reich an bedeutenden Gestalten wie dem berühmten Nizam ud-Din, der noch heute in einem Mausoleum Delhis verehrt wird, in

1 Siehe Peter Hardy, *Islam in Medieval India, Sources of Indian Tradition*, Columbia University Press, New York 1966.

welchem auch der Dichter Amir Khusrú ruht, der sein Freund war. Doch obwohl der Sufismus dieser Periode die Grenzen der Orthodoxie nicht überschritten hat, bedeutet das Ende des Sultanats die Verschmelzung von Hindu- und Sufi-Mystik. Bei den Hindus taucht eine Bewegung auf, die einen persönlichen Gott verehrt. Diese persönliche Gottheit verkörpert für den Gläubigen das Absolute. Sich mit der Gottheit vereinen heißt, die Befreiung *(moksha)* zu erreichen oder zumindest in den Genuß der Erfahrung des Göttlichen zu kommen. Es ist nicht verwunderlich, daß die volkstümliche Verehrung *(bhakti)* in ganz Indien Gedichte, Lieder und Tänze hervorgebracht hat. Dagegen war sie, im Gegensatz zur brahmanischen Tradition, arm an philosophischen und theologischen Spekulationen. Im *bhakti* gelangt man nicht durch die Vernunft zum Göttlichen, sondern durch die Liebe. Die drei großen Gottheiten, auf die sich diese Kulte konzentrieren, waren Vishṇu, Shiva und Devī, die Große Göttin in ihren verschiedenen Manifestationen. Der Vishṇu-Kult nahm zwei Formen an: die Verehrung Krishṇas oder die Rāmas, beide Verkörperungen desselben Gottes.

In diesen Bewegungen, in denen der Pantheismus mit dem Kult eines persönlichen Gottes verschmilzt, sind durchaus auch Spuren des Sufismus zu finden. Der große Unterschied besteht meiner Meinung nach darin, daß *bhakti*, wie der Sufismus von Liebe zur Gottheit geprägt, ein differenzierter oder vielmehr ein relativer Monotheismus ist. Indem sich der Andächtige mit Krishṇa oder mit der Großen Göttin vereinigt, vereinigt er sich mit einer Manifestation des Absoluten, nicht mit einem Schöpfer-Gott. Krishṇa ist kein Gott, der, wie Allah im Islam, andere Gottheiten ausschließt. Trotzdem hat die Versicherung, daß der Weg zu Gott nicht die Riten sind (Achse des Hinduismus) noch die Erkenntnis (Grundlage aller *darshanas*), sondern die Liebe ist, unzweifelhaft Ähnlichkeit mit den Sufi-Lehren. Das philosophische Präzedens des Sufismus, sein Ursprung, findet sich im Denken des Spaniers Ibn al-Arabi (1165-1240), der die Vereinigung mit Gott durch seine Schöpfungen predigte. Die Affinitäten Ibn al-Arabis zum Neuplatonismus sind nur ein Aspekt seines umfassenden Denkens. Es findet sich darin auch eine Verherrlichung der Erotik, wie dies sein Gedichtband *Der Dolmetsch des Verlangens* zum Ausdruck bringt. Die Vereinigung der Gegensätze, handle es sich um Logik oder mystische Erfahrung, hat auch einen weltlichen und kosmischen Aspekt: die Verbindung zwischen dem weiblichen und dem männlichen Pol des Universums. Als Dichter und Philosoph scheint Ibn al-Arabi eine wahre Epiphanie gehabt zu haben in Gestalt einer Perserin, der er in Mekka begegnete und die ihm den Weg zur Vereinigung der menschlichen mit der göttlichen Liebe zeigte. Die Liebe öffnet die Augen dem Verständnis, und die Erscheinungswelt, die diese unsere Welt ist, verwandelt sich in eine Welt von Erscheinungen. Alles, was wir berühren und sehen, ist göttlich. Diese Synthese zwischen Pantheismus und Monotheismus, das heißt zwischen dem Glauben an die Göttlichkeit der Schöpfung (der Welt) und dem Glauben an einen Schöpfergott, war Jahrhunderte später die Grundlage für das Denken großer mystischer Dichter Indiens wie Tukārām und Kabīr.

Es ist eine aufschlußreiche Tatsache, daß alle diese mystischen Dichter in ihren Heimatsprachen schrieben und sangen, nicht in Sanskrit, Persisch oder Arabisch. Tukārām (1608-1649), hinduistischer Dichter, der in Marathi schrieb, scheut sich nicht, mit folgenden Worten Bezug auf den Islam zu nehmen: »An erster Stelle der großen Namen steht der Allahs ...« Danach bekennt er sich zu seinem Pantheismus: »Du bist im Einen ... In (der Vision des Einen) gibt es weder ich noch du ...« Die emblematische Gestalt dieser Bewegungen ist Kabīr (1440-1518), ein Dichter aus niederer Kaste, Weber aus Benares. Kabīr war ursprünglich Moslem. Im Unterschied zu den meisten anderen hinduistischen Dichtern bekannte er sich zu einem strengen Deismus; doch zweifellos um seinen Versuch der Verschmelzung beider Religionen zu unterstreichen, nennt er diesen einzigen Gott unterschiedslos mit seinem moslemischen und seinem hinduistischen Namen; Allah und Rāma (Vishṇu). Tagore übersetzte die Gedichte Kabīrs, weil er in dessen Poesie mit Recht die Verheißung dessen sah, was Indien hätte gewesen sein können. Für einen modernen Geschichtsschreiber war Kabīr »ein Pionier der religiösen Dichtung in Hindi, der die Heimatsprache gebrauchte, um religiöse Themen zu popularisieren«. Das stimmt, doch er war noch mehr, nämlich ein großer Dichter. Seine Vision war unitarisch: »Wenn Gott in der Moschee ist, wem gehört dann diese Welt? ... Wenn Rāma in dem Bild ist, das du anbetest, wer kann dann wissen, was draußen geschieht? ... Kabīr ist der Sohn Allahs und Rāmas. Er ist mein Guru, er ist mein *pir.*« Guru ist die hinduistische Bezeichnung für den geistigen Meister; *pir* ist der Sufi-Name dafür. Diese mächtige Bewegung volkstümlicher Verehrung hat weder bei den Philosophen und Theologen noch bei den Politikern der beiden Religionen Widerhall gefunden. So wurde sie weder eine neue Religion noch eine Politik. Vielleicht lag in der *bhakti*-Bewegung der Keim der Vereinigung der zwei Gemeinschaften und der Geburt eines neuen Indien.[1]

Im 16. Jh. vollzieht sich der große Wandel: Bābur – väterlicherseits Nachkomme Timurs und mütterlicherseits Dschingis-Khans –, ein großer Krieger, der auch ein glänzender Organisator und ein bemerkenswerter Schriftsteller war, gründet 1526 die Mogul-Dynastie. Diese Epoche, das 16. und 17. Jh., bildete den Höhepunkt der islamischen Zivilisation in Indien. Der Verfall beginnt Anfang des 18. Jh. Gleichwohl besteht die Mogul-Dynastie, wurde sie auch durch internen Unfrieden geschwächt und erschüttert, bis ins 19. Jh. fort, als sie von der englischen Herrschaft abgelöst wird. Die Tendenz zur Zersplitterung – ein per-

1 V. Raghavan, »The Way of Devotion«, in: *Sources of Indian Tradition,* Columbia University Press, New York 1960.

manentes Phänomen in der Geschichte Indiens, mit dem schon die Sultane von Delhi ständig konfrontiert wurden – verstärkte sich während des allmählichen Niedergangs des Mogul-Reiches. Die Kämpfe waren jedoch nicht allein und ausschließlich religiöser Art, sondern sie waren eine Folge der Herrschsucht der Fürsten und nationaler Rivalitäten. Die Beziehungen zwischen Hindus und Moslems blieben zwar weiterhin gespannt, doch gab es eine Periode der Harmonie unter der Herrschaft des Großmoguls Akbar (1556-1605), einer Gestalt, die für die Inder den Nimbus hatte, den Ashōka für die Buddhisten oder den Karl der Große für die Europäer besaß.

Der in Indien bis heute vorherrschende Zweig des Islam ist der sunnitische, der sich selbst als orthodox betrachtet und dem die Mehrheit der Muslime angehört. Die Machtergreifung durch die Mogul-Herrscher wurde von den Ulemas, den religiösen Oberhäuptern, mit einer gewissen Besorgnis gesehen. Nicht vergessen war, daß Dschingis-Khans Frauen verschiedenen Religionen angehört hatten, was ein Beweis für seine Toleranz gegenüber allen Glaubensanschauungen war; auch nicht, daß Timur die schiitische Häresie favorisiert hatte. Im Falle Akbars wurde aus Mißtrauen Mißbilligung. Seine Heirat mit einer Prinzessin der Rajputen[1] und die Ernennung zweier Prinzen derselben Kaste zu Generälen in seinem Heer empörten die Orthodoxen. Viele der »treuesten Offiziere und Beamten Akbars wurden Hindus«, sagt Vincent A. Smith.[2] Auch einige seiner engen Freunde konvertierten zum Hinduismus. Die Inthronisation des Prinzen Salim, der unter dem Namen Jahangir nach dem Tode Akbars den Thron bestieg (der hatte ihn kurz vor seinem Able-

1 Kriegerkaste, welche wahrscheinlich von den hephtalitischen Hunnen herstammt, die gegen Ende des 5. Jh. in Indien einfielen und die Aristokratie von Rajasthan bildeten.

2 Vincent A. Smith, *History of India*, revidiert von H. R. Rawlinson, Oxford University Press 1951.

ben zu seinem Erben bestimmt), wurde möglich dank der Unterstützung des Raja Man Singh und anderer Rajputen-Prinzen.[1] Eine weitere Großtat Akbars, die nicht nur für die Orthodoxie eine Herausforderung darstellte, sondern auch für die Praktik, die alle islamischen Regierungen verfolgten, war die Abschaffung der Steuer *(jaziyah)*, die zu zahlen alle Nicht-Moslems verpflichtet waren. Die Politik der Toleranz wurde zur Politik der Versöhnung.

In seiner Jugend hatte sich Akbar für die persische Dichtung interessiert, insbesondere für die Poesie von Hafis, die, vom Sufi-Pantheismus stark beeinflußt, von exaltierter Erotik gefärbt war. Vielleicht war es der Sufismus, der sein Interesse für die anderen Religionen geweckt hat. Er ließ den Atharva-Veda, das Rāmāyana und das Mahābhārata übersetzen; in seinem Palast nahe Fatehpur Sikrī – eines der Meisterwerke islamischer Architektur – erbaute er eine Gebetshalle, in der sich Theologen und Priester verschiedener Glaubensrichtungen versammelten: sunnitische und schiitische Moslems, Sufis, Pandits sowie Lehrer der Schriften und der Philosophien Indiens, Adepten Zoroasters und, nicht zuletzt, Jesuiten aus Goa. Er trotzte dem Mißvergnügen vieler einflußreicher Muslime und proklamierte ein *Der göttliche Glaube* genanntes Dekret, in dem er sich selbst zum Schlichter religiöser Dispute aufwarf. Nicht daß Akbar das Oberhaupt einer neuen Religion werden wollte; er war eher ein eklektischer Geist und versuchte ausgleichend zu wirken, auch wenn seine Vorhaben ein bestimmtes Ziel verfolgten: allen Menschen wie Glaubensrichtungen den Willen des Herrschers aufzuzwingen.

Der politische Nutzen dieser Handlungsweise war beträchtlich und, im allgemeinen, vorteilhaft. Die Hindus, vor allem jene der höheren Kasten, die sich Akbar gegenüber zuvor indifferent,

1 Vincent A. Smith, op. cit.

wenn nicht gar feindselig verhalten hatten, bezeigten dem Herrscher ihre Sympathie und Dankbarkeit. Auch gewann er die Achtung und Wertschätzung der Theologen, der Brahmanen und, generell, der Intellektuellen. Die Mehrheit der Moslems vertrat eine entgegengesetzte Meinung, obgleich sie sich nicht in Gewalttaten äußerte. Der größte und entschiedenste Feind des Eklektizismus von Akbar war Sheik Ahmad Sirhindi. Er bekämpfte vor allem den Sufi-Pantheismus von Ibn al-Arabi und seinen Nachfolgern und kritisierte die Vorstellung einer möglichen Verschmelzung der hinduistischen und der islamischen Mystik. Seine Verteidigung der Orthodoxie hatte einen theologischen Aspekt: Gott darf nicht mit seinen Geschöpfen verwechselt werden, und die Kontemplation des Göttlichen, des Unsagbaren, muß, will sie nicht im Nihilismus enden, zur objektiven Wirklichkeit der Welt und ihres Schöpfers Allah zurückkehren. Es gibt keine Vereinigung mit Gott; Allah ist immer jenseits von uns, doch wir können und müssen ihn lieben. Und diese Liebe beginnt mit dem Gehorsam gegenüber seinem Gesetz. Nebenbei bemerkt: es gibt eine unzweifelhafte Ähnlichkeit zwischen der Mystik Ibn al-Arabis, der negativen Theologie der christlichen Mystiker und der Doktrin des Nāgārjuna von der Leere. In allen drei Strömungen ist der Weg zum Absoluten die Negation.

Die Predigt von Sheik Ahmad Sirhindi hatte aber auch einen praktischen, einen politischen Aspekt. Die Verteidigung der Orthodoxie bedeutete die Verteidigung der moslemischen Gemeinden und ihrer Privilegien, insbesondere die der Rechts- und Gottesgelehrten, der Ulemas, und die des Throns, seiner Beamten und Höflinge. Der Gehorsam gegenüber dem Monarchen ist ein zentraler Aspekt des islamischen Gesetzes. Gleiches gilt für die Geschichtsschreibung, bei der es nicht immer leicht ist, den mehr oder weniger objektiven Tatsachenbericht von den Lobesreden auf den Sultan oder den Mogul-Herrscher zu unterscheiden. All dies und das hohe Ansehen Akbars als Politiker, Militär und aufgeklärter Mensch machen vielleicht deutlich, warum sich die moslemische Opposition nicht in gewaltsamer Rebellion geäußert hat.

Kaiser Jahangir, Akbars Nachfolger, führte die Politik der Versöhnung seines Vaters zwar nicht fort, doch verfiel er auch nicht in das andere Extrem. Während seiner Regentschaft herrschten Toleranz und friedliches Zusammenleben. Die Hindus höherer Kasten hatten, wie in früheren Regierungszeiten, dank militärischer Bündnisse oder ihrer ökonomischen Verhältnisse (Kaufleute und Großgrundbesitzer), hohe Posten inne. Aber nichts war mit der Politik Akbars vergleichbar, auch *bhakti* nicht, die volkstümliche Bewegung der Verschmelzung der beiden Religionen. Jahangir hinterließ auf persisch verfaßte Memoiren, die von den Fachgelehrten ihres lebendigen Stils wegen gelobt werden. Er besaß Schönheitssinn und politisches Geschick, doch er hatte kein großes Ziel vor Augen. Er liebte die Künste und das Vergnügen und ließ das Reich, so wie Ludwig XV. Frankreich von Madame Pompadour, von seiner schönen, intelligenten und ehrgeizigen Hauptgemahlin Nur Jahan regieren. Auf Jahangir folgte sein Sohn Shah Jahan, der die Macht ergriff, nachdem er, gemäß der Tradition der Dynastie, seinen Bruder und andere Verwandte, die er verdächtigte, Anspruch auf den Thron zu erheben, ermordet hatte. Shah Jahan ist zu Recht berühmt durch die Baudenkmäler, die er in Agra, Delhi und an anderen Orten hinterließ. Es war eine künstlerische Glanzzeit. Seine letzten Jahre waren voller Leid und Trostlosigkeit. Der Tod seiner Gemahlin Mumtaz Mahal, zu deren Gedenken er das berühmte, als Taj Mahal bekannte Mausoleum erbaute, traf ihn tief, und sein Hang zu übermäßigem Opiumkonsum schwächte seinen Charakter und seine Lebenskraft. Hinzu kam der Streit zwischen seinen vier Söhnen, der noch zu seinen Lebzeiten zu einem Nachfolgekrieg führte. Nachdem er seine drei Brüder getötet und seinen Vater als Gefangenen in einen seiner Paläste verbannt hatte, bestieg sein Sohn Aurangzeb den Thron.

Dārā Shikōh, einer der hingemordeten Prinzen, verdient besondere Erwähnung. Er war Shah Jahans ältester Sohn, der Günstling seines Vaters und für dessen Nachfolge bestimmt. Aber er war weder Politiker noch ein Militär, sondern ein Intellektueller. Deshalb scheiterte er als Mann der Tat: er wurde besiegt und verlor sein Leben. In der Sufi-Tradition erzogen, zeigte er gleich seinem Großvater Akbar großes Interesse für andere Religionen. Der Pantheismus von Ibn al-Arabi führte ihn zum Hinduismus, und wiewohl er seinem islamischen Glauben treu blieb, weisen seine Werke ihn als einen Geist aus, der eine Brücke zwischen beiden Religionen suchte. Er war sicher, daß diese Brücke die Philosophie der Upanishaden war, die er die »vollkommenste aller göttlichen Offenbarungen« nannte. Seine Antipathie gegenüber den Ulemas und den Mullahs (islamische Rechts- und Religionslehrer) ist die des Mystikers und zugleich die des Freidenkers gegenüber dem Klerus. Lob des Schweigens und Verspottung der klerikalen Salbaderei:

Im Paradies gibt es weder Mullahs,
noch hört man dort das Gezeter ihrer Diskussionen und Dispute ...

Dārā Shikōh übersetzte 1656 mit Hilfe eines Pandits die Upanishaden ins Persische. Ein französischer Orientalist und Reisender, Anquetil Duperron, erstellte auf der Grundlage der Übersetzung Dārās eine lateinische Fassung. Diese Version, 1801/02 in zwei Bänden publiziert, war es, die Schopenhauer las. Der Einfluß dieser Übersetzung auf die Philosophie Nietzsches wie auch auf jene Emersons war immens.

Dārā wurde auf schmählichste Weise – es gibt kein anderes Wort – zu Tode gebracht, nachdem man ihn wegen Ketzerei verurteilt hatte. Seine Hinrichtung und die seiner Brüder, so grausam sie uns erscheint, stand ganz in der Tradition der Dynastie. Die religiöse Politik Aurangzebs indes bedeutete für die Mehrheit seiner Untertanen eine schlimme Schändung; sie betraf nicht die Angehörigen einer Familie, sondern die von ihm regierten verschiedenen Volksgemeinschaften. Die Hinrichtung Dārā Shikōhs wegen des Vergehens der Häresie war bezeichnend für den unseligen Verlauf, den die Ereignisse nahmen. Die religiöse Frage, seit der Gründung des Sultanats von Delhi im 13. Jh. stets präsent, wurde zu einer Frage von Leben und Tod. Ohne die eklektische Haltung Akbars einzunehmen, hatten es die Mogul-Herrscher von Anfang an als offenkundige Tatsache hingenommen, riesige Territorien zu regieren, deren Bewohner in der Mehrheit Götzendiener und Ungläubige waren. Aurangzeb, ein fanatischer Sunnit, versuchte Unmögliches: »ein riesiges Reich, bevölkert in seiner Mehrheit mit Hindus, nach den Prinzipien eines moslemischen Asketen zu regieren«.[1] Aurangzeb war hochintelligent, hatte einen eisernen Willen und war äußerst sittenstreng, wiewohl nicht frei von Grausamkeit und Doppelzüngigkeit. Er war ein geriebener Politiker und talentierter Feldherr. Sein Geschmack war schlicht, und oft mißbilligte er die Prunksucht seines Vaters Shah Jahan. Den Taj Mahal betrachtete er als Monument der Gottlosigkeit. Seine lange Regierungszeit jedoch war eine Aufeinanderfolge schwerer Irrtümer, sinnloser Kriege und unbedeutender Siege. Unter ihm beschleunigte sich der Zerfall des Reiches.

Unter der Regentschaft Aurangzebs wurde die Trennung zwischen Hindus und Moslems unüberwindlich. Der Herrscher erlegte den Nichtmoslems wieder die verhaßte Steuer *(jaziyah)* auf; er ließ Tempel niederreißen und auf ihren Fundamenten Moscheen errichten; er zerstörte erbarmungslos die schiitisch-moslemischen Reiche von Golconda und Bijapur; er verfeindete sich

1 Vincent A. Smith, op. cit.

mit den Rajputen, den alten Verbündeten seiner Vorfahren; ohne Erfolg widersetzte er sich einer neuen Macht, den Marathen, angeführt von Shivājī, einem kühnen und glänzenden Heerführer, der von seinem Volk und der Mehrheit der Hindus als Held gefeiert wurde. Da die Rebellion nicht enden wollte, beschloß Aurangzeb nach dem Tod Shivājīs, seine Streitkräfte persönlich anzuführen. Auf feindlichem Boden im Dekhan verbrachte er die letzten Jahre seines Lebens im Kampf. Er starb 1707 mit achtundachtzig Jahren. Seine Regentschaft währte ein halbes Jahrhundert, und er konnte sehen, wie seine Siege, seine persönliche Härte und seine unbeugsamen Prinzipien sein Reich in den Untergang geführt hatten. Wer hat Indien mehr Schaden zugefügt, Jahangir und Shah Jahan, die der Ausschweifung frönten, oder der sittenstrenge Aurangzeb?

Das Weitere ist bekannt: die internen Kämpfe zwischen den neuen Mächten (Sikhs, Marathen), die mehr und mehr sich abzeichnende Schwäche eines Reiches, das ein Schatten seiner selbst ist, und das Auftauchen eines neuen Protagonisten, der nicht, wie die Türken und Mongolen, aus Zentralasien kam, sondern über das weite Meer: die Briten. Obgleich auch diese Invasoren monotheistisch waren, hatten sie nicht die Bekehrung der Ungläubigen, seien sie Moslems oder Hindus, im Sinn, sondern die wirtschaftliche und politische Vormachtstellung. Anfangs waren die Aktivitäten der East India Company kommerziell, doch die Ökonomie ist, wie die Religion, von der Politik nicht zu trennen, und in kurzer Zeit wurde aus dieser Company eine militärische und politische Macht.

In der Zeit des endgültigen Niedergangs des Mogul-Reiches, das heißt seit Beginn des 18. bis Mitte des 19. Jh., war die Koexistenz von Hindus und Moslems zwar nicht mehr, wie unter Aurangzeb, von einem unüberbrückbaren Gegensatz geprägt, doch kam es zwischen den beiden Glaubensrichtungen zu keiner Versöhnung. Es gab politische wie militärische Bündnisse zwischen den Führern der Hindus und Moslems, auch wenn sie alle provisorisch waren und von den Umständen diktiert wurden; es gab jedoch keine Bewegungen religiöser und kultureller Aussöhnung wie die von Akbar angestrebte oder, auf der anderen Seite, die eines Kabīr oder eines Tukārām. Doch wiewohl sie weiterhin voneinander getrennte und rivalisierende Gruppen waren, ließ die Spannung nach. Ich beziehe mich vor allem auf die Situation der Großherren, der hohen Militärs und, generell, auf die der Angehörigen der höheren Kasten. Die Dörfer und Weiler hatten sich schon immer einer gewissen Autonomie erfreut, sowohl in der traditionellen Pflege ihrer Kulte als auch hinsichtlich der örtlichen Selbstverwaltung *(panchayat)*. Ihre wirklichen Feinde waren die Grundbesitzer, die Steuereinnehmer und die Horden von Kriegern oder Banditen – sie auseinanderzuhalten war nicht leicht –, die das Land brandschatzten. Indien erlebte ein Jahrhundert der Anarchie und der Bürgerkriege. Als Kandidaten, das gespenstisch gewordene Mogul-Reich von Delhi abzulösen, gab es moslemische Fürstentümer wie das von Oudh im Norden und das von Mysore im Süden, hinduistische, wie das mächtige Marathen-Reich, oder die Sikhs, die weder Hindus noch Moslems waren. Vor allem aber: the East India Company, die zu einer großen politischen Macht geworden war, und zwar in ihren beiden Bereichen: dem der Diplomatie und dem des Krieges.

Die Eroberung Indiens war eine außerordentliche historische Tat, sie dauerte länger als ein Jahrhundert, und eine Reihe bedeutender Persönlichkeiten waren daran beteiligt. Die erste war Robert Clive. Die Nachfolger Clives – ich denke vor allem an Warren Hastings und an Lord Wellesley – zeigten sich ihrem Vorbild ebenbürtig, sie waren zugleich kluge Diplomaten und hervorragende Strategen. Mehr und mehr wurde die East India Company zu einem Instrument der Expansionspolitik Großbritanniens, und man beschloß, als ihren Leiter einen von der englischen Regierung ernannten Generalgouverneur einzusetzen, der dem Staatsminister gegenüber verantwortlich ist. Doch entschieden die Engländer, die Institution des Mogul-Kaisers zu respektieren, die von dem greisen Bahadur Shah II. repräsentiert wurde, der ein großer Liebhaber der Urdu-Dichtung war. Im Mai 1857 kam es in den Kasernen von Meerut, wo ein großes Kontingent einheimischer Truppen im Dienst der Briten untergebracht war, zu einer Meuterei. Diese Rebellion weitete sich rasch aus. Hauptbeteiligte waren die Sepoys, angeführt von Nana Sahib sowie von vielen moslemischen Fürsten und Machthabern. Auch einige Rajas (Rajputen) nahmen am Aufstand teil, unter ihnen eine unerschrockene Frau, Rani von Jhansi, sowie Marathen-Führer. Die meuternden Truppen eroberten Delhi und ernannten den achtzigjährigen Bahadur Shah II. zum Kaiser von Hindustan. Der Aufstand wurde trotz der zahlenmäßigen Unterlegenheit der britischen Truppen und ihrer Verbündeten in weniger als einem Jahr niedergeschlagen. Bahadur Shah II. starb einige Jahre später in der Verbannung in Birma. Viel ist über die Ursachen dieser Rebellion diskutiert worden; sie waren zahlreich, doch keine war streng religiöser Natur, wiewohl man nicht übersehen sollte, daß sich an dem Aufstand vornehmlich Moslems beteiligten.[1] Grund der raschen Niederlage der Aufständischen war mangelnde Geschlossenheit bei ihren Unternehmungen und deren Durchführung. Einige, wie der Marathen-Führer, wollten die Wiederherstellung ihres Reiches; andere die Restauration von Oudh und so fort.

Als der Friede wiederhergestellt war, übernahm die Regierung von London formell die Verantwortung, Indien zu regieren, das ein Vizekönigreich wurde. Zum Vizekönig wurde der Generalgouverneur ernannt. Die Proklamation der Königin

1 Der Aufstand begann, als gemunkelt wurde, daß ein neuer Gewehrtyp, unter die Sepoys verteilt, mit Rindertalg eingefettet worden sei, was für die Hindus eine abscheuliche Sünde war, oder mit Schweinefett, einer für die Muslime unreinen Nahrung.

Viktoria (November 1858) garantierte den Indern feierlich Religionsfreiheit und bestätigte deren Recht, der Regierung zu dienen, das heißt sich an ihr zu beteiligen. Letzteres war der Keim der künftigen Unabhängigkeit Indiens. Ersteres machte die Verschmelzung von Staat und Kirche zunichte. Von dieser Politik der religiösen Freiheit waren die Moslems am meisten betroffen. Abgesehen davon, daß sie wegen ihrer aktiven Teilnahme an der Rebellion mit Mißtrauen betrachtet wurden, vertrieb man sie auf einmal aus ihrer angestammten privilegierten Stellung in den islamischen Staaten. Viele islamische Autoren haben die Regierung beschuldigt, die Hindus begünstigt und damit die Trennung zwischen den beiden Glaubensgemeinschaften verschärft zu haben. Der Vorwurf scheint mir nicht ganz berechtigt. Die Trennung bestand bereits seit der Gründung des Sultanats von Delhi im Jahre 1206. Während der sieben Jahrhunderte hatte, mit Ausnahme von Akbar, keiner der moslemischen Herrscher wirklich versucht, die beiden Religionen zusammenzuführen. Ihre Religion verbot es ihnen: Götzendiener muß man bekehren oder vernichten. Ungeachtet dessen, was über die Gewaltlosigkeit gesagt wurde, ist auch die Toleranz keine hinduistische Tugend: für die Hindus sind wir alle – Christen, Muslime oder Atheisten – Unberührbare, unreine Geschöpfe.

Aufschlußreich bezüglich des Charakters oder der geschichtlichen Bewertung der Ereignisse von 1857 ist, daß die englischen Historiker von Meuterei (The Mutiny) sprechen, während die Inder das Wort Revolte (The Revolt) gebrauchen. Und nicht minder aufschlußreich ist, daß keiner von ihnen das Wort Revolution gebraucht. Tatsächlich war es auch keine. Es ist sinnvoll, die Meuterei (genauer: die Meutereien) von 1857 mit den Umständen, die zur Unabhängigkeit von 1947 führten, zu vergleichen. Erstere war eine Rebellion gegen die bestehende Ordnung. Es war keine nationale Revolte, denn die Idee der Nation war noch nicht ins Bewußtsein der Inder gedrungen. Es ist ein moderner, von den Briten importierter Begriff. Die Revolte von 1857 war ein fehlgeschlagener Versuch, den Zustand vor der Zeit der englischen Herrschaft wiederherzustellen; die Unabhängigkeit von 1947 war der Sieg der englischen Ideen und Institutionen – ohne die Engländer.

Ich habe schon erwähnt, daß die von den Engländern proklamierte Religionsfreiheit die Hindus begünstigte. Zum einen, weil sie die Privilegien der Moslems abschaffte und die hinduistische Bevölkerung allein aufgrund der Tatsache, daß sie nicht dem Islam angehörte, von der Steuerpflicht befreite, zum anderen, weil für die Hindus, insbesondere für die höheren Kasten – die Brahmanen und die Vaishyas – die Koexistenz mit dem christlichen Monotheismus leichter war als für die Moslems. Die englischen Missionare unterhielten keine besondere, offizielle Beziehung zum Staat, wie die Ulemas und die Mullahs. Nicht an die Evangelien zu glauben war kein Akt der Rebellion gegen den Staat. Außerdem ging der christliche Monotheismus einher mit einer säkularen Kultur, von welcher er manchmal auch der Kritik unterzogen wurde: von der Wissenschaft, der politischen Philosophie, der Demokratie. All dies ahnte der Romancier und bengalische Patriot Bankimchandra Chatterjee voraus, der im Sieg der Briten eine providentielle Tat Vishṇus sah: indem er die Macht der Moslems brach, begünstigte er das Wiedererstarken des Hinduismus. Chatterjees Prophezeiung hat sich nur zum Teil erfüllt: der Hinduismus lebte nicht wieder auf, hingegen wurde das alte Reich in zwei Staaten geteilt: Indien und Pakistan.

Ich habe mich vielleicht allzu sehr über die Trennung zwischen Hinduismus und Islam verbreitet. Allerdings blieb mir nichts anderes übrig: das Thema gab den Ausschlag. Ich muß jedoch hinzufügen, daß es in Indien weitere Religionsgemeinschaften gibt, die weder dem Islam noch dem Hinduismus angehören. Neben der christlichen, der jüdischen und der parsischen Minderheit gibt es noch andere Glaubensgemeinschaften, die zwischen zwei Religionen leben, wie die der Sikhs und der Jainas. Der Sikhismus ist ein Kompromiß mit der militanten Religion des Islam; der Jainismus eine archaische Häresie wie die des Buddhismus. Der Jainismus ist pazifistisch, und durch seine Beziehungen zum Hinduismus ist er im Laufe zweier Jahrtausende zu einer weiteren Variante der Stammreligion geworden. Der Jainismus ist keine Kaste innerhalb des Hinduismus, aber es wäre auch falsch zu sagen, daß er nicht länger heterodox ist. Der Sikhismus, eine kämpferische Glaubensgemeinschaft, ist der entgegengesetzte Fall. Viele Jahre hindurch, insbesondere während der schrecklichen Massaker zwischen Hindus und Muslimen zur Zeit der Unabhängigkeit und danach, waren die Sikhs entschiedene Verbündete der indischen Regierung; heute hat eine militante Gruppe dieser Bruderschaft der indischen Regierung und der hinduistischen Mehrheit den Krieg erklärt. Die Sikhs sind ein Beispiel dafür, wie religiöse Differenzen allmählich separatistische politische Bewegungen zeitigen. Und schließlich sind da noch die Stämme und Gemeinschaften am Rande des Hinduismus, die von diesem langsam absorbiert werden. Die hinduistische Religion ist ein Konglomerat von Glaubensrichtungen und Riten; obgleich sie keine Missionare hat, ist ihr Assimilationsvermögen sehr groß. Sie kennt keine Konversion im christlichen oder muslimischen Sinne, doch sie praktiziert mit Erfolg die Absorption. Gleich einer metaphysischen Riesenschlange verdaut der Hinduismus langsam und unerbittlich Kulturen, Götter, Sprachen und fremde Glaubensanschauungen.

Die Komplexität Indiens erschöpft sich nicht in der Trennung zwischen dem Islam und dem Hinduismus und in der Fülle von Glaubensgemeinschaften, Religionen und Sekten zwischen den zwei großen Religionen. Ein anderes Element, das einen verblüfft, ist die Institution der Kasten. Es ist ein singuläres und wirklich einzigartiges Phänomen. Obgleich an anderen Orten und in anderen Epochen Vergleichbares bestand – zum Beispiel im alten Sparta –, hat es nirgends eine solche Komplexität noch eine ähnliche Langlebigkeit gegeben. Was das hohe Alter dieser Institution betrifft, genügt die Feststellung, daß sie seit mehr als zwei Jahrtausenden existiert; hinsichtlich der Komplexität beschränke ich mich auf den Hinweis, daß es mehr als dreitausend Kasten gibt, jede mit ihren eigenen Charakteristika, ihren Ritualen und ihren Gottheiten, ihrem Verwandtschaftssystem und ihren Sexual- und Nahrungstabus. Nicht weniger komplex sind die religiösen und ethnischen Prinzipien, nach denen diese Menschen leben, sowie ihre ethnischen, geschichtlichen und ökonomischen Gegebenheiten. Aber was sind die Kasten wirklich, und aus welchen Gründen entstanden sie? Ich gestehe, daß mich keine der Definitionen und gesellschaftlichen, ökonomischen und historischen Ursachen, die man zur Erklärung des Phänomens vorbringt, voll befriedigt, obgleich es viele originelle Hypothesen und vor allem Daten und Zeugnisse gibt. Die kohärenteste, originellste und fundierteste Erklärung ist die von Louis Dumont.[1] Doch der paradoxe Vorzug seiner Theorie besteht darin, daß sie keine kausale Erklärung, sondern eine anthropologische Beschreibung ist. Dumont sagt uns nicht, *warum* es in Indien Kasten gibt, sondern *wie* sie funktionieren und worin das gesellschaftliche und ideologische System besteht,

1 Louis Dumont, *Homo hierarchicus*, Paris 1966.

dem sie angehören und dem sie ihre Charakteristika verdanken.

Für Dumont sind die Kasten in erster Linie eine gesellschaftliche Realität: Familie, Sprache, Gewerbe, Beruf, Lebensraum; gleichzeitig sind sie eine Ideologie: eine Religion, eine Mythologie, eine Ethik, ein Verwandtschaftssystem und eine Diätetik. Sie sind ein Phänomen, das nur erklärbar ist aus der hinduistischen Sicht der Welt und der Menschen. Mir scheint, daß Dumont recht hat; seine Theorie ist einwandfrei. Doch was mich stört, ist sein Schweigen über den Ursprung der Kasten. Ohne irgendeine genetische Erklärung ist eine Theorie unvollständig. Mit diesem Vorbehalt will ich die Ideen Dumonts zusammenfassend darlegen und einige persönliche Kommentare anfügen. Danach werde ich auf das Thema des Ursprungs der Kasten zurückkommen.

Gleich zu Beginn muß ich sagen, daß es eine Vielzahl von Schriften über das Kastenwesen gibt. Das Thema für sich allein ist, wo nicht eine besondere Wissenschaft, so doch ein Spezialgebiet der Soziologie und der Anthropologie. Dumonts Vorzug ist es, daß er die gesamte Literatur berücksichtigt. Ich möchte darauf hinweisen, daß seiner großen Gelehrsamkeit Kritik zugrunde liegt, das heißt, diese ist ihm Ausgangspunkt zur Darlegung seiner fast immer originellen und häufig überzeugenden Hypothesen. Zuerst gilt es, um die Begriffe etwas zu klären, die Bedeutung des Sanskritworts *varṇa* zu präzisieren. Es bezeichnet nicht wirklich die Kaste, wie man lange Zeit geglaubt hat.[1] Es ist ein häufig vorkommender Begriff in der Literatur des alten Indien und kann mit Farbe übersetzt werden, wodurch die Indoarier sich von den Ureinwohnern unterschieden. Aber es meint auch Kategorie, Zustand, gesellschaftliche Stellung, Rang in einer hier-

1 Die Portugiesen waren die ersten, die im 16. Jh. angesichts der komplexen gesellschaftlichen Wirklichkeit der Hindus das Wort *Kaste* in der Bedeutung von *Sippe* gebrauchten.

Qutb-Minar, Umgebung von Neu-Delhi, 13. Jh.

Moschee Jama Masjid, im Hintergrund die Mauern des Roten Forts, Neu-Delhi

Lahore-Tor des Roten Forts, Neu-Delhi

Grabmal des Ghiyās ad-Dīn Tughluq (1320-1325), Tughlaqabad, Nähe Delhi

Fetehpur Sikri, im Hintergrund die Kaiserliche Schule, rechts der Panch Mahal

Kaiser Akbar auf einem Elefanten, Skizze von Basawan und Gemälde von Chatai, 16. Jh.

Prinz Salīm (1569-1627)
– späterer Mogul-Kaiser Jahangir –
gemalt von Bichitr, ca. 1630

Shāh Jahān (1628-1658) mit seinem ältesten Sohn Dārā Shikoh

Aurangzeb (1658-1707) beim Gebet

Bahādur Shāh II. (1775-1862)

archischen Ordnung. Es gibt vier *varṇa*: Die Brahmanen (Priester), die Kshatriyas (Krieger), die Vaishyas (Händler, Kaufleute) und die Shūdras (Bauern, Arbeiter, Bedienstete). Innerhalb der drei höheren Kategorien bestehen zwei aus Individuen, die eine zweite Geburt erlebt haben, worauf sich ihre Überlegenheit gründet: die Brahmanen und die Kshatriyas. Die Einteilung war laut Dumézil ursprünglich eine Dreiteilung, entsprechend den drei traditionellen Funktionen der Indoeuropäer in ihrer Mythologie: Götter, welche die kosmische Ordnung regieren, Kriegsgötter sowie Götter, die diese Ordnung mit ihren Taten bewahren und aufrechterhalten. Die vierte *varṇa* kam hinzu, als die Indoarier im dritten Jahrtausend v. Chr. in Indien eindrangen und sich den Ureinwohnern gegenübersahen. Die vier *varṇa* sind Kategorien, die in den Kasten eine Rolle spielen, doch die sie nicht gänzlich ausmachen.

Der hinduistische Name für Kasten ist *jāti*, was Art bedeutet, wie Tier- und Pflanzenart. Oder, um mit dem Wörterbuch zu sprechen, »eine Gruppe von Lebewesen mit gemeinsamen Merkmalen«. Die Kasten sind viel kleinere Einheiten als die *varṇa*. Verschiedene Charakteristika definieren sie. In erster Linie die Herkunft, die Sippe: man wird in diese oder jene Kaste hineingeboren; des weiteren der Lebensraum; das Amt oder der Beruf; das Verwandtschaftssystem (das Mitglied *X* aus der Kaste *M* kann die Frau *Y* aus der Kaste *Q* heiraten, doch keine aus der Kaste *A* oder *Z*); die Ernährungsvorschriften, die vom strengsten Vegetarismus bei bestimmten Brahmanen-Kasten bis zum Essen von Rindfleisch, wie bei den Unberührbaren, reichen. Gehen wir einen Schritt weiter und versuchen wir, zwischen Kaste und Klasse zu unterscheiden.

Für einen modernen Menschen der westlichen Welt ist das Individuum von größter Bedeutung. Eine Klasse, eine Sekte, eine Kirchengemeinschaft, eine politische Partei und sogar eine Nation bestehen aus Individuen. Das ist es, sagt Tocqueville, was die moderne demokratische Gesellschaft von den aristokratischen Gesellschaften der Vergangenheit unterscheidet, in denen man dem Adel angehörte, dem Bürger- und Bauernstand oder dieses oder jenes Gewerbe betrieb, je nach der Familie, aus der man stammte. Die Familie war die Grundeinheit. In Indien ist die Einheit die Kaste. Sie ist die erste und letzte Realität. Was aber unterscheidet eine Kaste von der anderen? Im Unterschied zu unseren Klassen definiert sich die Kaste in erster Linie religiös, weder ökonomisch noch politisch. Diese Konzeption, wie alles oder fast alles, was dem Reich des Heiligen angehört, spaltet sich auf in das Reine und das Unreine. Die Kasten sind, wie die Klassen, Elemente eines hierarchischen Ganzen. Hier zeigt sich der Unterschied zwischen der hinduistischen Auffassung und der des Okzidents, was uns in die Lage versetzt, zwischen Klasse und Kaste zu unterscheiden. Unsere Idee der Hierarchie ist sehr verschieden von der, die der Kaste zugrunde liegt. Für uns ist die Klasse mit Macht und Reichtum verbunden. Die gesellschaftlichen Hierarchien im Okzident sind bestimmt durch eine Ordnung, die vom Untergebenen zum Vorgesetzten reicht und auf der politischen oder ökonomischen Herrschaft gründet. Auch die Kasten sind Elemente des hinduistischen hierarchischen Systems, doch die Grundlage dieser Ordnung ist weder die Macht noch das Geld, sondern eine religiöse Konzeption: die Reinheit und die Unreinheit. Es gibt, wie im Fall der Klassen, keine vollkommene Übereinstimmung zwischen der Kaste und der materiellen Situation. Der Vaishya, der Kaufmann, kann viel reicher sein als der Kshatriya, der Krieger. Tatsächlich ist es fast immer so gewesen: es gibt zahllose Geschichten von Kriegern, die sich Geld von einem Kaufmann haben beschaffen müssen, sei es mittels eines Darlehns oder mit Gewalt. Seinerseits ist evident, daß der Kshatriya die größere Macht besitzt, nämlich die des Schwertes; gleichwohl steht der Brahmane in der Hierarchie der Kasten über ihm. Gewiß, Angehöriger einer hohen Kaste zu sein impliziert Wohlhabenheit, eine bessere Erziehung und weitere materielle Vorteile. Gleichwohl gibt es viele arme, sehr arme Brahmanen, wohingegen es zahlreiche Kaufleute und Unternehmer gibt, die, ohne den hohen Kasten anzugehören, sehr reich sind. Die neue Mittelklasse in Bombay und Delhi besteht weder aus Brahmanen noch aus Kshatriyas. Dagegen sind in Bengalen wie auch in Kerala viele kommunistische und extremistische Führer Brahmanen. Auch Nehru entstammte einer Brahmanenfamilie, während Mahatma Gandhi ein Vaishya war.

Abgesehen von ihrer religiösen Funktion sind die Kasten Gruppen, die von einem Rat geleitet werden. Dieser erfüllt die politische Funktion der Selbstverwaltung. Zur politischen Autonomie in internen Angelegenheiten hinzu kommt die ökonomische Funktion. Die Kasten sind Vereinigungen der gegenseitigen Hilfe. Sie sind nicht nur kooperative Gemeinschaften wie die unseren, sondern auch solidarische Gruppen, echte Bruderschaften. Jedes Individuum kann fast immer sicher sein, bei den anderen Angehörigen seiner Kaste Hilfe zu finden. Andererseits sind die Bande zwischen den Mitgliedern einer Kaste nicht nur politische und ökonomische, sondern die von Blutsverwandten. Das Verwandtschaftssystem einer jeden Kaste ist überaus streng und komplex. So ist das System, wie gesagt, nicht nur ein Geflecht ökonomischer und politischer Beziehungen, sondern auch eines von Familien, die durch Heirat, Eltern, Kinder, Vettern und Neffen miteinander verbunden sind.

Dieses ganze komplexe Beziehungsgeflecht kreist um zwei weitere Achsen. Die eine ist das Gewerbe, der Beruf: es gibt Kasten von Juwelieren, Tischlern, Webern. Auch gibt es laut der britischen Gesetzgebung Kasten von Dieben (the criminal tribes). Die andere Achse ist der Lebensraum: jede Kaste ist in einem bestimmten Gebiet verwurzelt, sei es ein kleines Dorf oder eine Großstadt. Das Gebiet schließlich bezieht die Sprache mit ein. Somit tendiert die zugleich anpassungsfähige und unzerstörbare Realität der Kaste, die ihrem Wesen nach religiös ist, dahin, mit anderen politischen, ökonomischen und sprachlichen Realitäten zu verschmelzen. Die Kasten haben ökonomische und politische Interessen, doch die Grundlage des Systems ist religiös: die Geburt, das Karma. Dieses Geflecht aus religiösen, ökonomischen, politischen, territorialen, sprachlichen und verwandtschaftlichen Beziehungen verleiht den Kasten eine außerordentliche Solidität. Anders ließe sich ihr Überleben nach mehr als zwei Jahrtausenden nicht erklären.

Die Kaste ist das Gegenteil unserer Klassen und Vereinigungen, die von Individuen gebildet werden. Bei ihr ist das Wesentliche das Kollektiv. Sie ist kein Konglomerat von Individuen, sondern eine Gemeinschaft von Familien. Aber eine Gemeinschaft, die das Individuum einschließt: man wird in eine Kaste hineingeboren, man lebt und man stirbt in ihr. Abgesehen vom Tod führt nur ein Weg aus der Kaste hinaus: der Welt entsagen, sich als Einsiedler ganz dem frommen, kontemplativen Leben widmen, halbnackt umherwandern und nicht mehr besitzen als eine Blechschale, um Almosen und Essen zu sammeln. Es gibt vielleicht eine Million Sadhus, die allein oder in kleinen Gruppen durchs Land ziehen, manchmal mit Asche bedeckt, und die immer auf Stirn oder Brust die Embleme ihrer Sekte oder ihres Ordens tragen, zum Beispiel den Dreizack Shivas. Man sieht sie oft auf Wallfahrten oder trifft sie an den heiligen Stätten des Hinduismus. Wie bei den Mönchen, seien sie Christen oder Buddhisten, gibt es unter ihnen Schelme, schrullige Typen und auch Heilige. Wie dem auch sei, sie alle haben ihrer Kaste abgeschworen und damit ihrer Familie und ihrem Besitz. In Indien gibt es, wie im europäischen Mittelalter, zwei Klassen von Bettlern: die Bedürftigen, Kranken oder Krüppel, und die Asketen.

Der Kaste entsagen gleicht dem Verlassen des Mutterleibs, der uns wärmt und beschützt. Die Kaste trägt uns, doch sie ist kein Mittel für soziale Mobilität. Das unterscheidet sie von Grund auf von allen Gruppen und Gemeinschaften der modernen demokratischen Gesellschaften (oder der halbmodernen wie denen Lateinamerikas). Die Kaste fördert die Individuen nicht. Trotzdem kann eine Kaste ihren Status ändern. Erhöht zum Beispiel eine Kaste armer Arbeiter, durch diesen oder jenen Umstand begünstigt, ihr Einkommen, dann können sich ihre Ernährungsvorschriften, ihre Sitten und Gebräuche und sogar ihr Name ändern. Die Kaste als geschlossenes Ganzes, nicht dieses oder jenes Individuum, steigt in der sozialen Hierarchie auf. Ich muß jedoch hinzufügen, daß es sich dabei um außergewöhnliche Fälle handelt, die, wie alle Ausnahmen, die Regel bestätigen. Nicht um sich zu wandeln, wurden die Kasten erfunden, sondern um fortzudauern. Und sie sind von Bestand geblieben. Die Kaste ist ein Modell gesellschaftlicher Organisation, für eine statische Gesellschaft ersonnen. Soziale Veränderungen denaturieren sie. Die Kaste ist ahistorisch; ihre Funktion besteht darin, der Geschichte und ihren Wandlungen eine unwandelbare Wirklichkeit entgegenzusetzen. Natürlich verändern sich die Kasten, wie alles in diesem Leben; aber sie verändern sich sehr langsam. Eines ihrer wesentlichen Charakteristika ist die Resistenz gegenüber dem Wandel.

Der Gegensatz zwischen Geschichte und Kaste mündet in Todfeindschaft, sowie die Geschichte die Form des Fortschritts und der Modernität annimmt. Mit Modernität meine ich nicht nur den demokratischen Liberalismus und den Sozialismus, sondern auch deren Rivalen: den Nationalismus. Die Kasten sind eine Realität, die der Idee der Nation gegenüber indifferent ist. Der moderne hinduistische Nationalismus, wie man weiter unten sehen wird, bedroht die Kaste, weil er den spezifischen Unterschied einer jeden Kaste durch eine sie alle umfassende ideologische Realität ersetzt. Der Nationalismus erodiert die Unterschiede zwischen den Kasten, die deren *raison d'être* sind, genauso wie die Demokratie die hierarchische Idee erodiert, die jene Unterschiede bedingt. In ihren beiden Richtungen – Nationalismus und Demokratie – ist die Modernität mit dem Kastensystem unvereinbar. So wie jedes Individuum seine Kaste *ist*, *ist* jede Kaste das System: das Netz der Beziehungen, das sie zugleich verbindet und voneinander unterscheidet. Es ist die Beziehung der einen zu den anderen, welche die Kasten verbindet und sie als ein wahres Sonnensystem in ständiger langsamer Kreisbewegung darstellt. Diese Beziehung besteht in der Andersheit: jede Kaste hat ihre Götter, ihren Lebensraum, ihr Gewerbe, ihre Sprache, ihr Verwandtschaftssystem und ihre Nahrungsvorschriften. Jede Kaste ist singulär, doch alle kreisen um dasselbe unwandelbare Prinzip: die Herkunft, das heißt die Reinheit.

Die Stärke des Kastensystems beruht auf der Mannigfaltigkeit seiner Manifestationen – jede Kaste ist anders geartet – und auf der Beständigkeit des Prinzips, das sie miteinander verbindet wie eine Sonne mit ihren Planeten. Das System ist ein Hindernis für die Modernisierung Indiens, dieses große Projekt, mit dessen Realisierung Ende des vergangenen Jahrhunderts dank dem Kontakt mit englischen Ideen begonnen wurde. Eine Gruppe bengalischer Intellektueller gründete zu jener Zeit eine religiöse politische Bewegung (Brāhmo Samāj) mit dem Ziel, den Hinduismus zu reformieren und ihn mit dem modernen Christentum in Einklang zu bringen. Doch das Kastensystem gründet auf einem zentralen Prinzip des Hinduismus: dem Karma. Diese Idee ist die religiöse und metaphysische Stütze des Hinduismus und zugleich das Fundament der Institution der Kasten. Wie also die Kasten abschaffen, ohne dem Hinduismus Abbruch zu tun?

Das System hat zwei Konversionsversuchen, dem islamischen und dem christlichen, widerstanden. Seit Erlangen der Unabhängigkeit vor einem halben Jahrhundert trotzt es dem doppelten Ansturm des demokratischen Säkularismus und des hinduistischen Nationalismus. Auch der modernen Zivilisation, den Eisenbahnen und den Fabriken, welche die Kastenunterschiede ignorieren, hat es widerstanden. Es heißt, die Existenz der Kasten und ihre statische Ideologie sei einer der Gründe für die Armut und das Elend von Millionen Hindus. Das ist wahr, doch es ist nicht die ganze Wahrheit: auch in anderen Ländern, in Afrika, Asien und Lateinamerika, wo man diese Institution nicht kennt, herrschen Elend und schreckliche Ungleichheit. Gibt es keine Abhilfe? Man muß differenzieren. Das System ist nicht ewig. Nichts Menschliches ist ewig. Höchstwahrscheinlich sind die Kasten, die Buddha im 6. Jh. v. Chr. kannte, nicht dieselben wie heute. Ich denke, in den Städten wird die Umwandlung der Kasten, bis zu ihrem eventuellen Verschwinden, schneller vonstatten gehen als auf dem Lande. Unvorhersehbar aber sind die Formen, die dieser allmähliche Wandlungsprozeß annehmen wird.

Im Okzident wurde der Wandel seit dem Ende des 18. Jh. überbewertet. Im traditionellen Indien wie in den alten europäischen Gesellschaften wurde die Unveränderlichkeit als ein Wert erachtet. Für die philosophische Tradition Indiens, sei sie buddhistisch oder hinduistisch, ist Unbeständigkeit eines der Signa der Unvollkommenheit der Menschen wie auch aller anderen Wesen. Selbst die Götter sind dem schicksalhaften Gesetz des Wandels unterworfen. Für die traditionelle hinduistische Mentalität ist einer der Grundwerte der Kaste gerade deren Resistenz gegenüber dem Wandel. Im Kern ist das Kastensystem, man muß es wiederholen, religiös: die Idee der Reinheit. Diese ist ihrerseits abhängig vom Glauben an das Karma: Wir sind für unsere vergangenen Leben verantwortlich. Die Kaste ist eines der Glieder in der Kette der Geburten und Wiedergeburten, worin das Leben besteht. Alle Lebewesen sind Teil dieser Kette. Die höhere Stellung der Brahmanen und Kshatriyas gründet darauf, daß sie mindestens eine zweite Geburt erlebt haben. So haben sie bereits ein Stück des beschwerlichen Wegs der Reinkarnation und des neuerlichen Sterbens zurückgelegt.

Der Primat des Kollektivs: Das Individuum wird in eine Kaste hineingeboren und lebt und stirbt in ihr. Für uns ist dieser Umstand unerträglich. Der moderne Okzident hat neben dem Wandel das Individuum verherrlicht. Ohne das Handeln und den Einsatz des Individuums würde sich nichts ändern; auch könnte sich das Individuum ohne Veränderungen nicht entwickeln; es wäre wie eine Pflanze, der Wasser und Sonne fehlen. Wandel und Individuum ergänzen einander. Egotismus gibt es in allen Epochen und in allen Gesellschaften. Mit dem ihm eigenen Scharfsinn unterscheidet Tocqueville zwischen Egotismus und Individualismus. Ersterer »entsteht aus blindem Instinkt ... er ist ein Laster, das so alt ist wie die Welt, und findet sich in allen Gesellschaften«. Der Individualismus dagegen entsteht mit der Demokratie. Er tendiert dahin, jede Person und ihre Familie von der Gesellschaft zu trennen. In den individualistischen Gesellschaften verdrängt die Privatsphäre die öffentliche. Für die Athener galt der Bürgerstand als höchste Würde, da er ihnen das Recht gab, sich in öffentliche Angelegenheiten einzumischen. Der moderne Bürger verteidigt seine Intimität, handele es sich um seine religiösen Überzeugungen oder um seine wirtschaftlichen Interessen, seine Philosophie oder sein Eigentum. Was für ihn zählt, ist er selbst und sein kleiner Kreis, nicht die allgemeinen Belange der Stadt oder der Nation. »In den aristokratischen Gesellschaften«, fährt Tocqueville fort, »haben alle feste Positionen, der eine steht höher als der andere, so daß ein jeder jemanden über sich hat, dessen Protektion er braucht, und einen anderen unter sich, von dem er Kooperation verlangt. So waren in den aristokratischen Gesellschaften der Vergangenheit die Menschen fast immer eng an etwas gebunden, das außerhalb ihrer eigenen Sphäre lag, weshalb sie dazu neigten, sich selbst zu vergessen.«

Tocqueville leugnet nicht den Egoismus der Aristokratien und ihr geringes Interesse für das Gemeinwohl, aber er unterstreicht auch ihre spontane Aufopferung für andere Menschen und für tradierte kollektive Werte. Die aristokratischen Gesellschaften sind heroisch; erinnern wir uns an die Treue des Vasallen zu seinem Herrn, des Kriegers zu seinem Glauben. Diese Haltungen sind in der modernen Welt nahezu völlig verschwunden. In den sich kontinuierlich wandelnden demokratischen Gesellschaften lösen sich die Bande, die das Individuum mit seinen Ahnen verbinden, und die Bindungen an seine Mitbürger lockern sich. Die Gleichgültigkeit (ich möchte hinzufügen: der Neid) ist eines der großen Defizite der Demokratien. Der krasseste Individualismus – so sonderbar es ist – ist eng verbunden mit einem anderen Charakteristikum der heutigen demokratischen Gesellschaftsformen: dem Egalitarismus. Tocqueville schließt: »Die Demokratie führt nicht nur dazu, daß jeder Mensch seine Ahnen vergißt, sondern auch, daß er sich seinen Nachkommen entzieht und von seinen Zeitgenossen trennt: sie wirft ihn für immer auf sich selbst zurück und sperrt ihn am Ende ganz in die Einsamkeit seiner eigenen Seele ein.« Eine Prophezeiung, die sich in unserer Zeit bewahrheitet hat.

Die modernen Gesellschaften stoßen mich in zweifacher Hinsicht ab. Einerseits haben sie aus den Menschen – eine Gattung, in der jedes Individuum, allen Philosophien und Religionen nach, ein einzigartiges Wesen ist – eine homogene Masse gemacht; die modernen Menschen scheinen alle aus einer Fabrik und nicht aus dem Mutterleib gekommen zu sein. Andererseits haben die modernen Gesellschaften aus jedem dieser Wesen einen Einsamen gemacht. Die kapitalistischen Demokratien haben nicht Gleichheit, sondern Einförmigkeit geschaffen, und sie haben die Brüderlichkeit durch den permanenten Kampf zwischen den Individuen ersetzt. Uns empört der Zynismus der römischen Imperatoren, die dem Volk »Brot und Spiele« gaben, doch was tun heute das Fernsehen und die sogenannten »Kulturministerien«? Man nahm an, daß sich in dem Maße, wie die Privatsphäre sich erweiterte und der einzelne über mehr Freizeit verfügte, die

Beschäftigung mit den Künsten, das Lesen und die Meditation zunähmen. Heute müssen wir feststellen, daß der Mensch nicht weiß, was er mit seiner Zeit anfangen soll; er ist zum Sklaven meist stupider Vergnügungen geworden, und die Stunden, die er nicht mit Gelderwerb zubringt, widmet er einem billigen Hedonismus. Ich mißbillige nicht das Vergnügen; ich beklage die allgemeine Vulgarität. Ich erinnere nicht an die Übel des heutigen Individualismus, um das Kastenwesen zu verteidigen, sondern um das hypokritische Ärgernis, das es bei unseren Zeitgenossen erregt, ein wenig abzuschwächen. Im übrigen ist es nicht meine Absicht, die Kasten zu rechtfertigen, sondern eine Vorstellung davon zu vermitteln, was sie wirklich sind. Wenn ich könnte, würde ich sie von Grund auf ändern. Die Existenz von Unberührbaren halte ich für schändlich. Aber die Kasten dürfen nicht verschwinden, damit die Geschädigten zu Dienern des gefräßigen Gottes des Individualismus werden, sondern damit wir zwischen ihnen und uns die Brüderlichkeit entdecken.

Dumont erklärt uns nicht, wie diese seltsame Institution entstand. Es gibt viele Theorien, doch sie darzulegen wäre eine immense und langwierige Aufgabe, auf die ich nicht vorbereitet bin. Ich möchte es lieber wagen, in aller Kürze eine Handvoll Eindrücke und Meinungen zu präsentieren. Sicher ist die Annahme richtig, daß die Kasten als Folge der arischen Einwanderungen auf dem indischen Subkontinent im zweiten Jahrtausend v. Chr. entstanden. Daher die ursprüngliche Dreiteilung der *varṇa*: Priester, Krieger und Händler (Dumézil). Nun aber ist Indien ein riesiger Kessel, und wer da hineinfällt, ist dazu verurteilt, für immer darin zu bleiben. Mehr als zwei Jahrtausende hindurch hat dieses Land eine Unzahl von Einwanderungen und Invasionen der verschiedensten Völker erlebt. Durch die Vielfalt von Rassen, Sprachen und Sitten im Laufe von drei Jahrtausenden, wie auch durch die geographische Mannigfaltigkeit des Subkontinents, sind die ursprünglichen Stämme und Gruppen zu Keimzellen der Kasten geworden, vor allem hinsichtlich des Zusammenlebens verschiedener Gruppen auf demselben Gebiet. Hinzu kam die Einteilung der Arbeit: es gab Bauern und Schreiner, Musiker und Schmiede, Tempeltänzerinnen und Krieger am Königshof.

Neben den geographischen, politischen und ökonomischen Faktoren – die Stärke oder der Einfluß jeder Gruppe, die handwerkliche oder intellektuelle Begabung – muß man einen weiteren bestimmenden Faktor berücksichtigen: die Religion. Der Hinduismus breitete sich auf dem ganzen Subkontinent aus. Dieser Prozeß vollzog sich langsam, und erst heute beginnt man ihn zu untersuchen. Er dauerte Hunderte von Jahren, wenn nicht gar zwei Jahrtausende. Der Brahmanismus vermischte sich mit den einheimischen Kulturen, doch ohne die Merkmale zu verlieren, die er von der vedischen Religion geerbt hatte. So bildete sich allmählich der heutige Hinduismus heraus. Wie schon gesagt, ist dieser eine Religion, die keine Individuen bekehrt, dafür aber Gemeinschaften und Stämme, samt deren Göttern und Riten, absorbiert. Während der Hinduismus sich ausbreitete, verbreitete sich auch eine Idee – falls sie in vielen dieser Völker nicht schon früher existierte –, welche der Kern des Brahmanismus, des Buddhismus und anderer Religionen asiatischer Völker ist: die Metempsychose, die Wanderung der Seele durch die aufeinanderfolgenden Leben hindurch. Es ist eine Idee, der man schon im primitiven Schamanismus begegnet. Das Kastenwesen entstand aus der Kombination all dieser ethnographischen, geographischen, geschichtlichen und religiösen Faktoren. Es ist ein soziales Phänomen, dessen Grundlage religiös ist. Diese ist die Reinheit, die sich ihrerseits auf das karmische Gesetz gründet: wir sind das Ergebnis unserer früheren Leben. Deshalb sind unsere Leiden real und irreal zugleich: Wir zahlen eine Schuld ab und bereiten uns so auf eine glücklichere Reinkarnation vor.

Alldem muß ich etwas Wesentliches hinzufügen: Im Unterschied zu den Griechen, Römern und Chinesen besaß das alte Indien kein Geschichtsbewußtsein. Die Zeit ist ein Traum Brahmas. Sie ist *māyā*: eine Illusion. Mithin finden sich der Ursprung und das Modell der gesellschaftlichen Institutionen nicht in der Vergangenheit wie bei den Chinesen und den Griechen. Die Institution der Kasten wurde nicht von einem mythischen Heroen wie dem Gelben Kaiser oder von einem sagenhaften Gesetzgeber wie Lykurg gegründet. Sie entstand von selbst, wenn auch durch den göttlichen, den kosmischen Willen, wuchs einer Pflanze gleich aus dem Boden und dem Untergrund der Gesellschaft. Ich wiederhole: Kaste ist *jāti*, und *jāti* ist Gattung. Die Kaste ist sozusagen ein natürliches Produkt. Das Modell dieser Institution ist die Ordnung der Natur mit ihren verschiedenen Tier- und Pflanzenarten. In meinem Essay über das Denken von Lévi-Strauss berichte ich, wie meine hinduistischen Gesprächspartner, ein paar Dorfbewohner im Süden Indiens, mir die Unterschiede zwischen Elefanten und Tigern erklärten, indem sie zu einem Beispiel griffen, das sie der Klassifikation der Kasten durch ihr Verwandtschaftssystem und ihre Nahrungsvorschriften entlehnten: Tiger sind Fleischfresser und monogam, während Elefanten Vegetarier und polygam sind. Die Kaste reproduziert die natürliche Ordnung, sie fügt sich ein in die Natur und deren Bewegungen, die Wiederholungen eines unwandelbaren Gesetzes sind. In der *Bhagavad Gītā* sagt der Gott Krishṇa zu dem Helden Arjuna: Die Kaste ist eine der Achsen des kosmischen Rades.

So zentral die Institution der Kaste auch ist, es ist nicht sie allein, die dem Verständnis des Indienbesuchers trotzt. Nicht minder erstaunlich ist die Vielzahl von Sprachen, sowohl indogermanischen als auch dravidischen, tibetischen und einheimischen. Die indische Verfassung erkennt vierzehn Sprachen an, doch ist die Zahl viel größer: laut *Linguistic Survey of India* von 1927[1] wurden in jenem Jahr 179 Sprachen und 544 Dialekte gesprochen. Außer dieser Anzahl verblüfft die Überlappung von Sprache, Kultur, Religion und ethnischen Charakteristika. Die Beziehung zwischen Sprache und Religion ist besonders eng und hat naturgemäß politische Auswirkungen. Das beste Beispiel sind die Affinitäten und die nicht selten heftigen Gegensätze zwischen den drei Sprachen des Nordens: Urdu, Hindi und Hindustani. Diese Beziehungen sind innerhalb der scharfen Trennung zwischen dem Islam und dem Hinduismus angesiedelt. Man muß sich nur vergegenwärtigen, daß Urdu heute die Amtssprache in Pakistan ist, während Hindi die Indiens ist, wenigstens in der Theorie.

Urdu war ursprünglich die Sprache des »Lagers«, das heißt das Idiom, das von den Menschen in der Umgebung der moslemischen Fürstenpaläste gesprochen wurde. Es war die Sprache des öffentlichen Platzes und des Bazars. In den Palästen wurde Persisch und Arabisch gesprochen; womöglich sprach man auch noch andere Sprachen Zentralasiens. Bābur, der erste Mogul-Herrscher, stammte aus Fergana, einem Landstrich, der berühmt war für seine Pferde, deren Schönheit und Flinkheit in der chinesischen Dichtung besungen wurde. Bābur schrieb seine berühmten Memoiren auf türkisch. Die Sprache des Hofes jedoch war das Persische, und in ihr schrieb Jahangir, Urenkel von Bābur,

1 Diese Publikation ist die vollständigste und zuverlässigste zu diesem Thema. Gleiches läßt sich von den nach der Unabhängigkeit durchgeführten statistischen Erhebungen nicht sagen.

seine Memoiren. Persisch war seit der Okkupation von Lahore durch die Truppen des Sultans Mahmud von Ghazna im 11. Jh. bis ins 19. Jh., als es vom Englischen abgelöst wurde, die offizielle Sprache der moslemischen Regierung gewesen. Doch die eigentliche Sprache der Menschen, nicht ausgenommen die intellektuelle und religiöse Elite, wurde Urdu, das bald eine zentrale Stelle einnahm. Es konnte gar nicht anders sein: es war die Landessprache. Abstammend von einer einheimischen Sprache, die sich ihrerseits vom Sanskrit herleitete, ist es eine Form des in der Region von Delhi gesprochenen westlichen Hindi mit einem starken Anteil an persischen Wörtern wie auch, in geringerem Maße, arabischen und türkischen. Urdu breitete sich im ganzen Norden Indiens und bis ins heutige Pakistan aus. Schon in seiner Frühzeit war es eine literarische Sprache. Der erste große Dichter, der in Urdu schrieb, war Amir Khusrú. Der letzte in dieser Reihe bedeutender Dichter ist Ghalib, der Dichter aus Delhi. Vom letzten Mogul-Herrscher protegiert, mußte Ghalib die Greuel der Rebellion von 1857 mit ansehen und erleiden. Abgesehen von seiner lyrischen Dichtung und einer mißlungenen Geschichte der Timur-Dynastie (Bābur war ein Nachfahre Timurs), ist Ghalib Autor von lebensvollen und pittoresken Briefen, die uns ahnen lassen, wie Delhi in jenen Jahren war, und uns auch das zugleich leidenschaftliche, sarkastische und zuweilen zynische Temperament des Dichters vor Augen führen.[1]

Hindustani war und ist die Volkssprache des nördlichen Indien. Wie im Falle des Urdu und des Hindi ist seine Sprachwurzel das Prakrit, das heißt eine aus dem Sanskrit abgeleitete Sprache (ähnlich den romanischen Sprachen, die sich aus dem Latein herleiten), jedoch mit freier Syntax und versetzt mit zahlreichen englischen Ausdrücken, neben persischen, arabischen und solchen anderer einheimischer Sprachen des Sub-

1 Mirza Asadullah Kaham Ghalib (1797-1869). Siehe das Buch von Ralph Russelid und Khursidul Islam, *Ghalib, Life and Letters*, Cambridge 1969.

kontinents. Es ist eine wahre *lingua franca*. Wie Urdu und Hindi in ihren verschiedenen Ausprägungen, stammt auch das Hindustani vom Prakrit ab, das heißt von einer der Sprachen, in denen sich das Sanskrit diversifizierte, ähnlich den romanischen Sprachen, die sich aus dem Latein herleiten. Hindi ging aus einer Vielfalt von Sprachen und Dialekten hervor, die allmählich miteinander verschmolzen. Entscheidenden Anteil an diesem Prozeß der Vereinheitlichung hatten zuerst die hinduistischen Religionsgemeinschaften und später, seit der Unabhängigkeit, die behördliche Initiative und die vieler indischer Intellektueller. Im Unterschied zum Urdu und zum Hindi besitzt das Hindustani keine geschriebene Literatur, dafür war und ist es die Sprache der Bevölkerungsmehrheit im Norden Indiens. Aus diesem Grunde votierte Gandhi, als in der Kongreßpartei die Frage diskutiert wurde, welche Sprache die Nationalsprache Indiens werden könnte, für das Hindustani. Auch Nehru favorisierte diese Lösung, obgleich er, getreu seinen Ideen der Modernisierung Indiens, stets darauf bestand, daß als Sprache der Verwaltung und als Instrument der Wissenschaft und der Philosophie das Englische vorherrschen sollte. Die englische Sprache lebendig zu erhalten, meinte er, bedeute das Tor zum Westen hin offenzuhalten.

Im Kongreß wurde das Hindustani auf den Druck stark nationalistischer Gruppierungen hin abgelehnt; zu ihnen gehörte auch jene des berühmten und einflußreichen Subhas Chandra Bose, der, an der Seite der Japaner, kurz darauf im Kampf gegen die Engländer fiel. Der Entschluß, das Hindi zur Amtssprache der künftigen Nation zu machen, hieß Öl ins Feuer des Disputs mit den Moslems gießen. Für sie war die traditionelle und nationale Sprache Urdu. Zudem wurde Urdu von mehr Menschen gesprochen als Hindi. Trotzdem nahm ein paar Jahre später die verfassunggebende Versammlung den Antrag an, das Hindi zur Nationalsprache zu machen. Eine unkluge Entscheidung, die zudem unmöglich zu verwirklichen ist: Hindi ist im Süden Indiens, im Dekhan, in Bengalen – kurz für die Bevölkerungsmehrheit des Landes – eine Fremdsprache. Glücklicherweise haben verschiedene Verfügungen die Ausführung dieses Gesetzesbeschlusses aufgeschoben. Immerhin war dessen unmittelbare Folge die Verdrängung des Urdu. Urdu zu sprechen ist in manchen Kreisen fast schon Häresie. Dennoch war es die einzige indische Sprache, die Nehru richtig sprach. Urdu ist immer noch die Hauptsprache bestimmter Regionen.[1]

Genau umgekehrt verfuhr man in Pakistan. Dort ist Urdu die Amtssprache, und Hindi zu sprechen ist ein doppeltes Vergehen, gegen die Nation und gegen den Glauben. Im einen wie im anderen Fall war der Beschluß von politischem Nationalismus und religiöser Intoleranz gefärbt. Indien das Hindi aufzuzwingen hat einen weiteren Nachteil: es ist ein Idiom, aus dem viele Fremdwörter eliminiert wurden, seien es englische, persische oder arabische; statt ihrer hat man Neologismen aufgepfropft, die dem Sanskrit entstammen. Es ist ungefähr so, als wären die Engländer eines schönen Tages auf die Idee verfallen, das Englische von fremden Beimengungen, insbesondere von den Wörtern französischen Ursprungs, zu reinigen, in der seltsamen Ansicht, es seien Überbleibsel der normannischen Eroberung. Tatsächlich verstehen nur sehr wenige wirklich das offizielle Hindi, das zu einem schwülstigen und bürokratischen Dialekt geworden ist. Damit *High Hindi*, wie man in stichelndem Ton das amtliche Idiom nennt, zu einer lebenden Sprache werde, wird es sich dem Sprachgebrauch des Volkes öffnen und fremde Wörter gleich welchen Ursprungs aufnehmen müssen. Lebende Sprachen sind nicht rein, sie sind hybrid.

Der Sprachatlas Indiens zeigt, daß der Sieg des Hindi sehr relativ ist. Abgesehen vom westlichen und östlichen Hindi gibt es im Norden und in der Mitte Indiens weitere indogermanische Spra-

1 1961 wurde Urdu von 24 Millionen Menschen gesprochen.

chen von großer Bedeutung wie das Punjabi, Rajasthani, Bihari, Oriya, Marathi und Bengali. Die letztere war traditionell eine Kultursprache mit einer großen literarischen Geschichte. Dank dem Bengali und den Schriftstellern und Dichtern dieser Sprache hielt in der zweiten Hälfte des 19. Jh. die englische Kultur in Indien Einzug. Im Süden herrschten die dravidischen Sprachen vor, die ebenfalls eine reiche Literatur besitzen: das Tamil, das Telugu, das Kanaresisch, Malayalam und andere. Im Nordosten und Nordwesten gibt es verschiedene Sprachen der tibetischen Sprachgruppe (so in Ladakh und in Assam), nicht zu reden von den alten einheimischen Sprachen.

Das Sprachproblem Indiens ist ein politisches und kulturelles Problem zugleich: Wie können so viele Millionen Männer und Frauen einander verstehen, die so viele und so verschiedene Sprachen sprechen? Wie dieser riesigen Bevölkerung Bildung vermitteln ohne eine gemeinsame Kultursprache? Während der Mogul-Dynastie war Persisch die offizielle Sprache. Doch Persisch war nie eine Volkssprache: im Norden sprach man Urdu oder verschiedene Varianten des Hindi, obgleich die wahre *lingua franca*, wie gesagt, Hindustani war und ist. Im übrigen Land sprach und spricht man andere Muttersprachen. Das britische Empire vereinte unter seiner Herrschaft zum ersten Mal in der Geschichte Indiens sämtliche indischen Völker. Das hatten die Reiche vor ihm, die Maurya-, die Gupta- und die Mogul-Dynastie, nicht erreicht. Es war die große historische Tat der Engländer, allen indischen Völkern eine einzige Regierung und ein einziges Gesetz gegeben zu haben. Englisch wurde nicht nur die offizielle Sprache, sondern auch die Verkehrssprache zwischen den Volksgruppen verschiedener Sprachen. Mit der Unabhängigkeit kam die widersprüchliche Wahrheit der Frage der Sprache ans Licht: Welche ist die Nationalsprache Indiens, oder welche kann es sein? Der Kongreß entschied sich für das Hindi, ein Idiom, das die Mehrheit der Bevölkerung nicht spricht noch je sprechen wird. So war, als Übergangslösung gedacht – die jedoch schon ein halbes Jahrhundert besteht –, die wahre Sprache, um alle diese Völker zu regieren, und in der sie sich untereinander verstehen sollten, das Englische. Ein Englisch, das naturgemäß mehr und mehr zu einem Angloindisch wurde. Ich werde noch darauf zurückkommen. Einstweilen schließe ich dieses Kapitel mit einer Frage: Wie kann dieses Konglomerat von Völkern, Religionen, Kasten und Sprachen eine echte Nation werden? Ich will versuchen, im nächsten Kapitel darauf zu antworten.

DAS PROJEKT EINER NATION

Festmahl und Fasten

Indien ist ein ethnographisches und historisches Museum. Doch es ist ein lebendiges Museum, in dem die modernste Moderne mit Archaismen, die Jahrtausende überlebt haben, zusammentrifft. Deshalb ist es eine Realität, die leichter zu beschreiben als zu definieren ist. Angesichts solcher Disparität mag man sich zu Recht fragen: Ist Indien wirklich eine Nation? Die Antwort ist nicht eindeutig. Einerseits ist Indien ein Konglomerat von verschiedenen Völkern, Kulturen, Sprachen und Religionen, andererseits ist es ein Staat mit einer einheitlichen Verfassung. Deshalb könnte man sagen, daß Indien, wie Jayaprakash Nārāyan es einmal formulierte, »a nation in the making« ist. Nun aber ist eine Nation vor allem ein Land sowie eine Gesellschaft, die ein Erbe – eine Sprache, Kultur, Religion –, aber auch ein nationales Projekt eint. Ich sagte schon, daß Indien in erster Linie eine Zivilisation ist, oder vielmehr zwei: die hinduistische und die islamische. Beide sind ein Verbund traditioneller Gesellschaften, in denen die Religion das Zentrum des gemeinschaftlichen Lebens ist. Eine Religion, die durchsetzt ist von den Bräuchen einer jeden Gruppe, ihrer Sprache und ihrer Heimatliebe. Diese Gesellschaften haben in ihren zwei Zweigen, dem hinduistischen und dem islamischen, zahlreiche Veränderungen erfahren und erfahren sie noch heute, die auf verschiedene Einflüsse zurückzuführen sind, darunter jene der modernen Technik und der modernen Wirtschaft. Trotzdem bleiben sie ihren Traditionen treu. Zugleich gibt es diesen traditionellen Gesellschaften gegenüber einen modernen Staat, der sich als national erklärt und der im ganzen Land respektiert wird, trotz der zahlreichen und bisweilen gewalttätigen separatistischen Bewegungen. Es ist dies ein enormer geschichtlicher Widerspruch. Ihn zu verstehen heißt beginnen, ein wenig die Realität Indiens zu verstehen.

Der Staat ist keine isolierte Realität; abgesehen davon, daß er sich dem stillschweigenden Konsens der Mehrheit der Inder verdankt, ist er zudem Ausdruck des Willens verschiedener Gruppen, die trotz der sie trennenden Unterschiede der zentralen Idee zustimmen, die ich »das Projekt einer Nation« genannt habe: aus dem Völkergemisch, das Indien ist, eine echte Nation zu machen. Dieser Plan entstand im vergangenen Jahrhundert in der intellektuellen Elite Indiens, vornehmlich in Bengalen, und resultierte aus den von den Briten eingeführten philosophischen und politischen Ideen. Der Imperialismus brachte seine eigene Negation mit sich: die Evangelien und die Demokratie, die intellektuelle Kritik und den Nationalismus. Neben dieser intellektuellen und politischen Elite – sie ist die geschichtliche Protagonistin Indiens seit Ende des vergangenen Jahrhunderts – ist das Entstehen einer neuen Klasse von Unternehmern und einer Mittelklasse zu erwähnen, die vor allem in den großen Städten anzutreffen ist. Diese Mittelklasse, ohne viel Kultur und ohne großen Sinn für die Traditionen, vergöttert, wie überall in der Welt, die Technik und die Werte des Individualismus, insbesondere in dessen nordamerikanischer Ausprägung. Die Bestimmung dieser Klasse ist es, immer größeren Einfluß auf die Gesellschaft auszuüben. Eine merkwürdige Situation: die Mittelklasse in Indien, wie überall sonst, verachtet das öffentliche Leben, kultiviert die Privatsphäre – die Geschäfte, die Familie, die egoistischen Vergnügen – und bestimmt trotzdem mehr und mehr den Gang der Geschichte. Sie ist das Kind des Fernsehens.

Die traditionellen Eliten, Erben des geistigen und politischen Erwachens während der ersten Jahrhunderthälfte, formieren sich aus Politikern und Intellektuellen. In der Politik ist es die Generation von Rajiv Gandhi und seinen Nachfolgern, sowohl in der Regierung als auch in der Opposition. Bei ihnen, im Gegensatz zu ihren Vätern und Großvätern, hat die Ideologie wenig Gewicht. Eine Ausnahme, der größte Bedeutung zukommt, ist der hinduistische Nationalismus, in dem die Ideologie bestimmender Faktor ist. Gleiches läßt sich von den anderen Minderheiten im Punjab (Sikhs), in Assam und Tamil Nadu sagen. Der Pragmatismus der gegenwärtigen Führer der Kongreßpartei ist an sich positiv, doch so realistisch er ist – besser gesagt: wenn er wirklich realistisch ist –, darf er nie das doppelte Erbe, das ihm die Gründer der Republik hinterließen, vernachlässigen: den Säkularismus und die Demokratie. Ohne sie könnte der aggressive hinduistische Nationalismus die Partie gewinnen und die indische Nation zerstören. Unter den Intellektuellen gibt es viele, die großes Ansehen genießen; mit Intelligenz und Originalität machte sich die indische Elite seit Beginn des vergangenen Jahrhunderts die Kultur und die Wissenschaft des Okzidents in ihrer englischen Ausprägung zu eigen. Sie hatte und hat Mathematiker, Physiker, Biologen und Historiker ersten Ranges, nicht zu reden von großen Dichtern wie Tagore. Viele dieser Schriftsteller schreiben in Englisch und erfreuen sich dank ihrer Romane und Erzählungen großer Wertschätzung. Ich denke an Salman Rushdie, aber auch an Schriftsteller, die weniger Aufsehen erregen, wie R.K. Nārāyan. Der Vorzug der indischen Literatur in englischer Sprache – N.C. Chaudhuri und Ved Mehta sind weitere Beispiele – ist nicht allein dem hohen literarischen Wert dieser Werke zuzuschreiben, sondern auch ihrer Zugänglichkeit.

Ich fasse zusammen: Indien ist nicht nur eine Zivilisation, sondern auch ein Staat, Erbe des Britischen Königreichs; zudem ist es eine große Demokratie. Tatsächlich ist Indien, aus historischer und politischer Sicht, ein Commonwealth, eine Konföderation oder Union von Völkern und Nationen, die immer in Gefahr war, zu zersplittern, doch die 1947, nach der Tragödie der Teilung, den zentrifugalen Bestrebungen widerstanden hat. Mithin gründet sich die Verfassung Indiens auf eine Fiktion: sie ist keine

Realität, sondern ein Projekt. Indes hat diese Fiktion den verschiedenen separatistischen Bewegungen, die sie bedrohten, getrotzt und hat sie besiegt. Es ist eine Fiktion, die historische und politische Realität von ungeahnter Vitalität besitzt. Es ist das Projekt einer Minderheit, die imstande war, einer tausendjährigen Tradition innerer Kämpfe mit Erfolg zu begegnen. Diese Tatsache ist der Beachtung wert.

Die Idee der Nation, nicht ihre Realität, ist relativ modern. Oft heißt es, daß die Vereinigten Staaten die erste moderne Nation sind, diejenige, welche die Ära der Moderne einleitet. Das ist wahr. Aber ebensooft wird vergessen, daß die Nordamerikaner das erste Volk sind, das ganz bewußt und aus freiem Willen eine Nation sein wollte. Eben jene französischen Revolutionäre, die das Wort *Nation* gebrauchten und mißbrauchten, folgten darin den Nordamerikanern. Die französische Bewegung war eine echte Revolution, das heißt, sie ersetzte ein Regime durch ein anderes. Doch die geschichtliche Realität, genannt Frankreich, gab es schon vor der Revolution, und sie existierte nach ihr weiter. In den USA gab es vor der Unabhängigkeit strenggenommen keine Nation. Die sogenannte Revolution der Unabhängigkeit Nordamerikas war eine Geburt: eine neue Nation wurde durch den Willen der Menschen geboren. Die Engländer, die Franzosen, die Deutschen, die Italiener und die anderen Europäer sind Kinder ihrer jeweiligen Traditionen. Die Nordamerikaner erfanden ihre eigene Tradition. Grundstein der Vereinigten Staaten ist nicht die Vergangenheit, sondern – ein großes geschichtliches Paradoxon – die Zukunft. Ihre Verfassung erkennt keine frühere Realität an; sie ist ein echter Gründungsakt, der in dem Plan besteht, eine Nation zu schaffen. Viele Völker, darunter die Lateinamerikas, folgten dem Beispiel der USA. Obgleich die Idee, eine Nation zu gründen, auf dem Weg über die Engländer nach Indien kam, liegt ihr Ursprung in den Vereinigten Staaten. Im Vergleich mit dem nordamerikanischen Modell stößt das indische Projekt der Nation auf enorme Schwierigkeiten. Erstens die Existenz einer tausendjährigen Vergangenheit, die reich an Traditionen und Schöpfungen ist. Sodann die Heterogenität dieser Vergangenheit: Religionen, Sprachen, unterschiedliche und sich bisweilen feindlich gegenüberstehende Traditionen. Ich werde mich zuerst mit dem zweiten Unterschied, der deutlicher zutage tritt, befassen und mich danach dem ersten zuwenden.

Die Angloamerikaner lösten das Problem der Heterogenität mit dem *melting pot*, der Verschmelzung aller Rassen, Sprachen und Kulturen zu einer Einheit unter der Herrschaft ein und desselben Gesetzes und einer einzigen Sprache, der englischen. Das Experiment war während des 19. Jh. und der ersten Hälfte des 20. Jh. vom Glück begünstigt. Heute befindet es sich, wie wir alle wissen, in der Krise. Doch es ist eine Krise, die die Grundmauern nicht erschüttert: alle ethnischen Minderheiten (ausgenommen eine Handvoll Mexikaner) sprechen englisch, fordern bestimmte Rechte im Namen der Verfassung und glauben an den »american way of life« (obgleich niemand genau weiß, worin er besteht). Kurz, diese Minderheiten sind keine separatistischen Bewegungen; im Gegenteil, sie wollen sich unter gleichen Bedingungen in die Nation integrieren wie die Minderheiten europäischer Herkunft. Die Inder ihrerseits lösten dieses Problem durch die Institution der Kasten, welche die Koexistenz vieler Völker und Gemeinschaften innerhalb einer besonderen hierarchischen Ordnung, die ich schon beschrieben habe, erlaubt. Es liegt auf der Hand, daß das Kastensystem ein großes Hindernis für die Modernisierung, diesen Kern des Projekts der Nation, ist.

Der andere große Unterschied zwischen den Vereinigten Staaten und Indien ist ihre Einstellung zur Vergangenheit. Ich habe schon gesagt, daß das Fundament der USA nicht eine gemeinsame Tradition ist, wie bei anderen Völkern, sondern der Plan, eine gemeinsame Zukunft zu schaffen. Für das moderne

Indien – wie auch für Mexiko – impliziert das nationale Projekt, die Zukunft zu verwirklichen, auch eine Kritik ihrer Vergangenheit. In den Vereinigten Staaten ist die Vergangenheit jeder der ethnischen Gruppen, welche diese große Nation bilden, eine partikulare Sache; die USA an sich haben keine Vergangenheit. Sie entstanden mit der Moderne, sie sind die Modernität. Hingegen ist für die indischen Eliten die Modernisierung zentraler Bestandteil des Projekts der Nation. In dieser Hinsicht ist die Ähnlichkeit mit Mexiko bemerkenswert, denn in beiden Fällen haben wir es mit einem polemischen Projekt angesichts der eigenen Tradition zu tun: die Modernisierung beginnt als Kritik unserer jeweiligen Vergangenheit.

In Mexiko wurde diese Kritik vornehmlich von den Liberalen des 19. Jh. unternommen, die beeinflußt waren vom französischen Denken und dem Beispiel der Vereinigten Staaten; in Indien von den ersten modernen Intellektuellen, vor allem Bengalen, die im 19. Jh. die englische Kultur assimilierten. Die Kritik in beiden Ländern war und ist ambivalent: sie bedeutet einen Bruch mit der Vergangenheit, und sie ist ein Versuch, sie zu retten. Sowohl in Mexiko wie in Indien hat es immer eloquente und intelligente Verteidiger der traditionellen nichteuropäischen Kultur gegeben. Das ist ganz natürlich: es handelt sich um eine sehr reiche und vor allem noch lebendige Vergangenheit. Letzteres gilt besonders für Indien. In Mexiko wurde die prähispanische Zivilisation zerstört, und was von ihr blieb, sind Überreste; in Indien ist die alte Zivilisation eine Realität, die das ganze gesellschaftliche Leben umfaßt und durchtränkt. Der Einfluß der Vergangenheit war für die moderne Geschichte Indiens entscheidend. Gandhi sah das ganz klar: er war ein Politiker und ein religiöser Mensch; er wollte Indien verändern, doch nicht im Sinne westlicher Modernität. Sein Ideal war eine idealisierte Version der hinduistischen Zivilisation. So sieht sich das Projekt einer indischen Nation einerseits konfrontiert mit Realitäten, die unüberwindlich scheinen; andererseits birgt es einen Widerspruch in sich: es betrachtet die Vergangenheit als ein Hindernis und verherrlicht sie zugleich, will sie retten.

Seit zwei Jahrhunderten steht Mexiko vor demselben Dilemma, obgleich unser Konflikt weder in seinem Ausmaß noch in seiner Komplexität mit dem Indiens verglichen werden kann. Die Conquista und die Bekehrung zum Christentum einten die verschiedenen prähispanischen Völker; heute ist die überwiegende Mehrheit der Mexikaner katholisch und spricht spanisch. Gewiß, es gibt kleine Inseln prähispanischer Kulturen, doch auch sie sind längst christianisiert. Die Frage, mit der Mexiko sich konfrontiert sieht, ist, wie den Sprung in die Moderne schaffen, ohne die kulturellen und politischen Erfahrungen des 18. und 19. Jh. gemacht zu haben, die die Europäer wie auch die Nordamerikaner von Grund auf veränderten und die das Fundament der Modernität sind. In Indien stellt sich die Frage anders, zum einen wegen des Alters und der Heterogenität dieser Vergangenheit und zum anderen wegen seiner riesigen Bevölkerung: Millionen und Abermillionen von Individuen mit verschiedenen Sprachen und Traditionen. Gleichwohl überdeckt diese Verschiedenartigkeit eine tiefere Einheit: die einer Zivilisation, zu der eine andere, fremde, hinzukam, mit der Indien fast ein Jahrtausend zusammengelebt hat, ohne daß es zwischen ihnen zur Verschmelzung gekommen ist.

Ich habe gewisse Ähnlichkeiten und Unterschiede zwischen Indien und Mexiko aufgezeigt. Nun wage ich es, den Faden meiner Argumentation zu unterbrechen mit einem Exkurs über gewisse Wesenszüge, die die beiden Länder verbinden, und andere, die sie trennen. Ich bitte den Leser für diese Abschweifung um Nachsicht, aber schließlich bin ich Mexikaner ... Während der Jahre, die ich in Indien gelebt habe, ist mir aufgefallen, daß die Inder sich ihrer Unterschiede zu anderen Völkern sehr bewußt sind. Ebendies gilt auch für die Mexikaner. Es ist ein Bewußtsein, das für die Inder die Unterschiede zu den Nationen Südostasiens nicht ausschließt, und für uns nicht die zu den lateinamerikanischen Nationen. Es ist daher nicht übertrieben, wenn ich sage, daß die Tatsache, daß ich Mexikaner bin, mir geholfen hat, die Andersartigkeit Indiens von der meinen als Mexikaner aus zu sehen. Es ist natürlich nicht meine eigene, aber sie ist ein Gesichtspunkt; will sagen, weil ich Mexikaner bin, kann ich bis zu einem gewissen Grad verstehen, was es heißt, Inder zu sein. Ein Vergleich dieser Unterschiede könnte uns helfen, uns selbst besser zu verstehen und vielleicht ein wenig auch die Komplexität Indiens.

Abgesehen von dem Bewußtsein unserer jeweiligen Verschiedenartigkeit haben wir nichts gemein. Gleichwohl lassen sich ein paar überraschende Ähnlichkeiten in den Sitten und Gebräuchen feststellen. Zum Beispiel die Rolle, die *chile* (Chili) in der indischen wie in der mexikanischen Küche spielt. In der gastronomischen Geographie nehmen diese beiden Küchen eine als exzentrisch zu bezeichnende einzigartige Stellung ein: sie sind erfindungsreiche und leidenschaftliche Verstöße gegen die zwei großen kanonischen Geschmacksrichtungen, die chinesische und die französische Küche. Das Wort *chile* kommt aus dem Nahuatl, und die Pflanze stammt aus Amerika. Es handelt sich also um einen mexikanischen Export. Den literarischen Texten nach zu urteilen, wie mein Freund Sham Lal mir sagte, der sich in der Materie etwas auskennt, findet sich in der alten Kochkunst Indiens keine Erwähnung des Chilis. Wann kam der Chili – vielmehr die verschiedenen Arten des Chilis – nach Indien und wurde zum obligaten Würzstoff seiner Currys? Gelangte er über die Philippinen dorthin, über Cochin oder über Goa? Eine andere wahrscheinlich aus Mexiko stammende Frucht ist in Indien unter dem spanischen Namen *chico* bekannt. Korrekt heißt sie bei uns *chico-zapote.* In Cochin und in anderen Gegenden Südindiens nennt man sie mit ihrem leicht veränderten mexikanischen Namen: *zapota*. Die Mango dagegen – das Wort kommt aus dem Tamil – ist eine Frucht, die aus Indien stammt. Die in Mexiko am meisten geschätzten Mangos heißen heute noch »Mangos de Manila«. Und was das Curry angeht: in Travancore und anderen Regionen Südindiens heißen bestimmte Currygerichte *mola*, eine Bezeichnung, die eine leichte Entstellung unseres *mole* zu sein scheint. Und *mole* kommt von *muli*, Soße im Nahuatl. Dank dem Chili gibt es eine unzweifelhafte Ähnlichkeit zwischen dem Curry und dem *mole*: die Kombination von süß und pikant, die rötliche Farbe mit prächtigen Reflexen und die Tatsache, daß dieser Fleisch oder Gemüse beigegeben wird. Der *mole* wurde im 17. Jh. in einem Kloster in Puebla kreiert. Ist er eine ingeniöse mexikanische Version des Currys, oder ist das Curry eine indische Variante einer mexikanischen Soße? Und verblüffend ist, wie viele verschiedene Currys und *moles* es gibt. Eine weitere kulinarische Ähnlichkeit: anstatt Brot essen die Inder einen *chapati* genannten Fladen, der unserer Tortilla ähnlich ist, obgleich nicht aus gemahlenem Mais, sondern aus Weizenmehl bereitet. Der *chapati* ersetzt, so wie der mexikanische Maisfladen, den Löffel. Ein eßbarer Löffel!

Gehen wir von der Küche zur Kleidung über, kommt uns sogleich die »china poblana« mit ihrem prächtigen Schmuck in den Sinn. Während der Kolonialzeit Mexikos nannte man »chinos« und »chinas« die Orientalen, die von den Philippinen, aus Japan, China oder Indien kamen. Bekanntlich trieben wir zu jener Zeit mit diesen Gegenden sehr regen Handel. Man hat vermutet, daß die Kleidung der »china poblana« eine Nachahmung der im Gujarat getragenen Frauenkleider sein könnte, die über Cochin und die Philippinen nach Mexiko gelangten. Diese Annahme ist nicht abwegig, allerdings braucht es mehr Beweise. Die Erwähnung des *mole* und der »china«, beide aus Puebla, evoziert ihrerseits die rätselhafte Gestalt der Catarina de San Juan, welcher Francisco de la Maza, ein mexikanischer Historiker, ein kurioses

Buch gewidmet hat. Der Titel ist bereits eine Illustration dieser meiner Betrachtungen: *Catarina de San Juan, Princesa de la India y Visionaria de Puebla* (Mexiko 1971). Catarina de San Juan war eine fromme Frau des 17. Jh., berühmt für ihre Visionen, die sie ihren Beichtvätern und geistlichen Führern, allesamt Jesuiten, erzählte. Catarina wurde von vielen Gläubigen, von Mönchen ebenso wie von Laien, die von ihrer Strenge gegen sich selbst und ihren Begegnungen mit himmlischen Wesen beeindruckt waren, verehrt und fand Nacheiferer. Fast hätte man sie seliggesprochen, doch machte die Kirche einen Rückzieher und verbot sogar ihre Verehrung. Catarina liegt in Puebla, in der Kapelle des Klosters Santa Clara begraben, demselben Kloster, in dem – eine seltsame Koinzidenz – im selben Jahrhundert der *mole* kreiert wurde.

Catarina de San Juan war indischer Abstammung. Ihren jesuitischen Biographen zufolge war sie in Delhi geboren. Doch Catarinas Beschreibungen dieser Stadt sind derart phantastisch, daß man nicht weiß, ob es sich wirklich um Delhi oder um eine andere Stadt handelt. Gleiches gilt für ihre Herkunft: sie behauptete, vom Großmogul abzustammen.[1] Der Name ihrer Mutter sei Borta, und sie selbst habe vor ihrer Taufe Mirra geheißen. Borta aber scheint kein indischer Name zu sein, und Mirra ist ein ursprünglich griechisch-lateinischer Name. Die Zeugnisse, die uns von Catarina de San Juan vorliegen, sind in zweifacher Hinsicht unzuverlässig, einmal wegen des indiskreten Eifers ihrer Panegyriker, als auch deshalb, weil sie selbst das Spanische nie korrekt hat sprechen können, es weder zu lesen noch zu schreiben gelernt hat. Außer Zweifel steht jedoch, daß Catarina mit acht oder zehn Jahren von Piraten auf einem Streifzug an der Westküste Indiens entführt wurde. Als Sklavin lebte sie eine Zeitlang in Cochin. Danach kam sie nach Manila, wo sie verkauft und nach

1 In jener Epoche bestieg Aurangzeb, ein frommer Moslem, den Thron Delhis.

Acapulco gebracht wurde. 1621 traf sie in Puebla ein. Ein reiches und frommes Ehepaar, das kinderlos war, hatte sie gekauft, und Catarina lebte bei ihnen bis zu deren Tod. Obgleich sie formell deren Sklavin war, wurde sie die Gesellschafterin und die geistliche Führerin des Paars. Es ist hier nicht der Ort, ihre merkwürdige Geschichte zu erzählen, von ihrer Scheinehe mit einem Chinesen (ein häufiger Brauch in Indien), ihren religiösen Visionen, ihrem Ruhm und von den Bemühungen der Kirche, nach ihrem Tode ihr Andenken auszulöschen. Catarinas Reden und Taten verraten keine Kenntnis des hinduistischen Glaubens. Auch nicht des islamischen. Bei ihr handelt es sich um barocke Frömmigkeit des 17. Jh. Aber noch fehlt uns eine moderne und weiter ausgreifende Studie über sie.

De la Maza war ein hervorragender Kenner unserer Kolonialgeschichte, doch er wußte fast nichts von der Kultur und den Traditionen Indiens. In den Berichten von ihren Visionen erwähnt Catarina oft Besuche Unseres Herrn Jesus Christus in ihrem armseligen Zimmer (sie wohnte am Ende ihrer Tage in einem Kloster, doch sie wurde nicht zur Nonne ordiniert). Sie erzählt davon, als handle es sich um die Besuche eines Geliebten. Ohne Zweifel betrachtete sie ihre Beziehung zu Jesus als eine Liebesbeziehung. Diese Gefühlsverwirrung ist in der katholischen Tradition nicht selten, vor allem im 16. und 17. Jh. Das vortrefflichste Beispiel dieser Tendenz ist die Dichtung von San Juan de la Cruz. Eine ähnliche Tradition – noch reicher und sinnlich expliziter – gibt es in Indien, bei den Verehrern Krishṇas ebenso wie bei den Sufis. Obgleich die Erfahrungen der Catarina de San Juan trivial sind – ihre Vertraulichkeiten ähneln den Gesprächen zwischen Dienstmädchen und ihren Galanen –, erinnern sie an die Liebschaft Krishṇas zu Rādhā, der Kuhhirtin, einer Sterblichen aus niederer Klasse. Die Schilderungen Catarinas sind nicht sinnlich, sondern sentimental und süßlich. Zu den Visionen, die sie ihrem Beichtvater beschreibt, zählt der Besuch der

Jungfrau Maria, die sie wegen ihrer Vertraulichkeiten mit dem Herrn mit strenger Miene tadelt. Kurz darauf erscheint ihr Jesus und beruhigt sie: sie solle sich aus der Eifersucht der Jungfrau nichts machen. Das erscheint mir weder katholisch noch islamisch, aber sehr wohl hinduistisch: eine Göttin, die unter Eifersucht leidet ... Wie dem auch sei, es ist bezeichnend oder, besser gesagt, emblematisch, daß Catarina de San Juan, die bedeutendste religiöse Visionärin des Vizekönigreichs Mexiko, eine Hinduistin war.

Mehr als mystische Spekulationen ist das Essen ein sicheres Mittel, sich einem Volk oder einer Kultur zu nähern. Ich habe schon darauf hingewiesen, daß viele Geschmäcker der indischen Küche auch mexikanische sind. Indes gibt es einen wesentlichen Unterschied, nicht im Geschmack, sondern darin, wie die Gerichte serviert werden: die mexikanische Küche besteht in einer Abfolge kleiner Gänge. Es handelt sich dabei wahrscheinlich um einen spanischen Einfluß. In der europäischen Küche werden die verschiedenen Speisen in einer ganz bestimmten Reihenfolge serviert. Es ist eine diachronische Küche, wie Lévi-Strauss gesagt hat, in der die Speisen in der Art eines Aufmarsches aufeinanderfolgen, von kurzen Pausen unterbrochen. Es ist eine Abfolge, die ebenso an das militärische Defilee wie an die religiöse Prozession gemahnt. Desgleichen an die *Theorie*, in der philosophischen Bedeutung des Wortes. Die europäische Küche ist eine *Demonstration*. Die mexikanische Küche gehorcht derselben Logik, wenngleich nicht mit derselben Strenge: sie ist eine Mestizenküche. Bei ihr spielt eine andere Ästhetik hinein, zum Beispiel der Kontrast zwischen dem Scharfen und dem Süßen. Die Speisenfolge wird durch eine gewisse Exotik aufgelockert. Ein radikaler Unterschied: in Indien werden die verschiedenen Speisen zusammen auf einem einzigen großen Teller serviert. Keine Aufeinanderfolge, sondern Vermischung und Überlagerung von Substanzen und Geschmäckern: synchronische Kost. Verschmelzung der Geschmäcker, Verschmelzung der Zeiten.

Wenn wir einen Augenblick bei der Geschichte Indiens verweilen, sehen wir, daß Verschmelzung auch das Merkmal ist, das sie von den anderen Zivilisationen unterscheidet: mehr als eine Aufeinanderfolge von Epochen kennzeichnet seine Geschichte eine Überlagerung von Völkern, Religionen, Institutionen und Sprachen. Gehen wir von der Geschichte über zur Kultur, begegnen wir demselben Phänomen: nicht nur Vielfalt an Lehren, Göttern, Riten, Kosmologien und Sekten, sondern ein Verschmelzen und Nebeneinanderbestehen. Im Vishṇuismus lassen sich leicht shivaitische, buddhistische und jainitische Resonanzen und Reminiszenzen ausmachen; in der *bhakti*-Bewegung tiefer Verehrung eines einzigen Gottes sind die Spuren des Sufismus deutlich erkennbar. Im Shivaismus von Kaschmir gibt es manchen Nachhall des Sufismus; zum Beispiel bei Lala, einer Prophetin des 14. Jh. In den Gedichten, die sie uns hinterlassen hat, verbindet sich der Yoga mit der Tradition exaltierter mystischer Erotik der Sufi-Dichter:

Tanze, Lala, nur in Luft gekleidet,
singe, Lala, nur in Himmel gehüllt:
Luft und Himmel, gibt's ein schöneres Kleid?

Hinsichtlich der indischen Küche verblüffen ebenso die Vielfalt der Geschmäcker und deren Vermengung auf einem Teller wie die Zahl und die Strenge der rituellen Tabus, vom ausdrücklichen Verbot, mit der linken Hand zu essen, bis zum Grundsatz, sich nur von Milch und deren Derivaten zu ernähren. Das eine Extrem das Festmahl, das andere das Fasten. Die Diätetik ist ein breiter Fächer von Verboten: bei bestimmten Brahmanen-Kasten, im allgemeinen den höchsten, erstreckt sich das Fleisch-Tabu auch auf Fisch und auf Eier; bei anderen betrifft es nur Rindfleisch. Einerseits schmackhafte Speisen und viele verschiedene Soßen, andererseits häufiges Fasten und strenge Diät. Ich kannte einen prominenten Führer der Kongreßpartei, Weggenosse Gandhis und Nehrus und ein tüchtiger Finanzminister, der sich einzig und allein von Nüssen, Joghurt und Fruchtsäften ernährte. Wie das Fasten hat manches Mahl eine religiöse Färbung. Ich denke an das tantrische Festmahl, ein rituelles Mahl bestimmter Sekten, bei dem die Speisen vermischt werden und man Fleisch ißt, Alkohol trinkt oder halluzinogene Drogen nimmt. Die Zeremonie endet mit der Begattung der teilnehmenden Männer und Frauen. Mitunter werden diese Zeremonien nachts veranstaltet, in der Nähe der Verbrennungsstätten der Toten.

Das Äquivalent der Nahrungsverbote sind die Vorschriften, welche die Beziehungen einer jeden Kaste zu den anderen Kasten regeln. Bei allen ist strikte Trennung vorgeschrieben. Dualität: Das tantrische Festmahl ist zentraler Teil eines Sexualritus und somit das genaue Gegenteil des Fastens und der Keuschheit der Mitglieder anderer Glaubensrichtungen. Es sind zwei Extreme des religiösen Lebens der Hindus, gleichsam zwei sich gegenüber befindliche Spiegel, die einander gegensätzliche Bilder reflektieren. Im Bereich der Kultur ist das Äquivalent der Nahrungsverbote sowie der gesellschaftlichen und religiösen Tabus die Vorliebe für Klassifikationen und Unterscheidungen, sowohl der grammatikalischen als auch begrifflichen. Ein rühmenswertes Verdienst der hinduistischen Zivilisation ist die Grammatik von Pāṇini; weniger bekannt, obgleich nicht minder bedeutend, ist die Leistung ihrer großen Logiker, der hinduistischen ebenso wie der buddhistischen. Neben diesem skrupulösen Hang zu Unterscheidungen und Kategorien sind zu nennen die konfusen Erzählungen der *Purāṇas*.

Im gesellschaftlichen Bereich trug die Institution der Kasten zwar dazu bei, die Vielfalt von Völkern und Kulturen zu bewahren, doch hat sie ihnen eine hierarchische, auf einer religiösen

Idee gründende Ordnung aufgezwungen; gleiches gilt für die gesellschaftliche und individuelle Moral, für die Sprache, das philosophische Denken und sogar, wie man gesehen hat, für die Küche. Daher kann man ohne zu übertreiben sagen, daß die hinduistische Zivilisation (nicht die islamische) der Schauplatz eines Dialogs zwischen der Eins und der Null, dem Sein und der Leere, dem Ja und dem Nein ist. Innerhalb eines jeden Systems, vom Denken bis hin zur Küche, taucht die Negation, die Kritik auf. In ihren extremsten Formen impliziert die Negation den totalen Bruch. Der der Welt Entsagende *(sannyāsin)* verläßt seine Kaste, seine Familie, seinen Besitz und seine Stadt, um ein herumziehender Asket zu werden. Das Fasten negiert das Festmahl; das Schweigen des Mystikers das Wort des Dichters und des Philosophen. Die Null, die Negation, nimmt im Buddhismus die Form der Leere an. In der Philosophie, die wie unsere mittelalterliche Scholastik eng mit der Religion verbunden ist, reduzierte man die Unterschiede zwischen den sechs traditionellen Schulen *(darshanas)* auf die Debatte, welche die Sāṅkhya-Schule von der Vedānta-Schule trennt. Für erstere teilt die Welt sich auf in eine Vielzahl individueller Seelen sowie in eine einzige Substanz – als dem Ursprung und dem Ende alles Existierenden –, der immensen Matrix des Universums; für die Vedānta-Philosophie sind das Subjekt und das Objekt, die individuelle Seele und die Seele des Universums, zwei Aspekte ein und derselben Wirklichkeit: Sieg des strengsten Monismus. In seiner ersten Periode postuliert der Buddhismus einen radikalen Pluralismus, welcher der Sāṅkhya-Richtung ziemlich nahe kommt: Es gibt kein Subjekt, sondern nur vorübergehende und vergängliche Zustände. In seiner zweiten Periode, bei Nāgārjuna und anderen Philosophen, löst sich der buddhistische Pluralismus in eine Art paradoxen Monismus auf, entgegengesetzt zum Vedānta: nicht das Sein, sondern die Leere.

Die hinduistische Religion ist das Ergebnis einer tausendjährigen Entwicklung. Ihre dogmatische und kanonische Quelle ist die Religion arischer Gruppen, die im zweiten Jahrtausend v. Chr. auf den Subkontinent kamen und deren Glaubensanschauungen in den heiligen Texten kodifiziert sind: die *Vier Veden*, die *Brāhmanas* und die *Upanishaden*. Im Laufe der Jahrhunderte erfuhr diese Religion große Veränderungen. Entscheidend war der Einfluß des Yoga, einer Richtung, deren Ursprung wahrscheinlich präarisch ist. Auch kam es zur Aufspaltung in die buddhistische und die jainitische Strömung. Erstere wurde zu einer Weltreligion; letztere lebt noch in enger Verbindung mit dem Hinduismus. Mit den Jahrhunderten brachte die Religion der Brahmanen komplexe philosophische Systeme hervor und vor allem zwei große epische Dichtungen, das *Mahābhārata* und das *Rāmāyaṇa*. Erstere ist ein verbaler Kosmos, der einen der schönsten und tiefsinnigsten Texte der Weltliteratur enthält: die *Bhagavad Gītā* (Das Lied des Herrn). Außerdem ist das *Mahābhārata* ein bewegendes Epos der Kämpfe, die eine Fürstenfamilie entzweien.

Die Beständigkeit der hinduistischen Religion, wie auch der von ihr geschaffenen Zivilisation, wäre unmöglich gewesen ohne die Kritik und die Exegese der sechs großen philosophischen Richtungen; und auch nicht ohne die buddhistische Negation. Die innere Kritik stärkte und belebte die indische Religion, die sonst zu einer formlosen Masse von Glaubensanschauungen, Riten und Mythen degeneriert wäre. Angesichts der drohenden Agglutination, die zwangsläufig in Chaos und Versteinerung endet, hat Indien den Damm der Kritik, der Exegese, der logischen Unterscheidungen und der Negation errichtet. Doch das hinduistische Denken, Opfer einer Art Paralyse, kam gegen Ende des 13. Jh. zum Stillstand. In dieser Epoche wurden auch die letzten großen Tempel errichtet. Diese historische Paralyse koinzidiert mit zwei anderen großen Phänomenen: dem Verlöschen des Buddhismus und dem Sieg des Islam in Delhi und an anderen

Orten. Die Version, der Buddhismus sei als Opfer der islamischen Gewalttätigkeit verschwunden – die moslemischen Krieger schleiften die buddhistischen Klöster und metzelten die Mönche nieder –, ist nur zum Teil richtig. Tatsächlich haben schon Jahrhunderte früher pilgernde chinesische Buddhisten den allgemeinen geistigen und moralischen Verfall in den Mönchsklöstern festgestellt. Höchstwahrscheinlich hat die Mehrheit der Gläubigen nach der Zerstörung der buddhistischen Klöster den hinduistischen Glauben angenommen. Es war eine Rückkehr zur Mutterreligion.

Gegenüber dem Islam zog sich der Hinduismus auf sich selbst zurück. Ihm fehlte etwas, das in den Kämpfen zwischen Religionen von entscheidender Bedeutung ist: eine Kirche und ein Staat. Zudem war der Hinduismus geistig verdorrt, hatte sich in eine Reihe von Riten und in Aberglauben verwandelt. Als die interne Kritik, das heißt die Negationen, die aus dem Brahmanismus eine schöpferische Religion gemacht hatten, ausblieb, begann die große Lethargie der hinduistischen Zivilisation, eine Lethargie, die noch andauert. Der Islam seinerseits kam als eine bereits fertige Religion mit einer Theologie und einer Mystik auf den Subkontinent. Dem Islam verdankt Indien große Werke der Kunst, vor allem im Bereich der Architektur und, in geringerem Maße, der Malerei; jedoch kein neues und originelles Denken. Es sollte mehrere Jahrhunderte dauern, bis ein anderer großer Monotheismus, der christliche, auftauchte und die Hindus und die Muslime erwachten.

Dieser lange gastronomisch-philosophische Exkurs hat mich zum Ausgangspunkt zurückgebracht. Doch um die Art des Widerspruchs zwischen dem Projekt der Nation, das Indien ist, und seiner Geschichte besser zu verstehen, sollte ich auf die Singularität dieser letzteren aufmerksam machen. Das erfordert einen weiteren Exkurs. Ein immer wiederkehrendes Thema der Geschichte Indiens ist der Zusammenstoß von Zivilisationen. Deshalb fand ich es nicht unpassend, diese Zusammenstöße gelegentlich mit jenen zu vergleichen, die Mexiko erlebt hat. Eine letzte Bemerkung, bevor ich diese Betrachtungen beginne: Stets hat mich die Vielfalt von Kulturen und Zivilisationen in Bewunderung versetzt; doch so, wie ich den Glauben an die Überlegenheit einer Rasse über die anderen für barbarisch halte, halte ich es auch für einen modernen Irrglauben, alle Kulturen mit dem gleichen Maßstab messen zu können. Ich bewundere die Ursprünglichkeit der mittelamerikanischen Zivilisation und die der Inkas zutiefst, aber mir ist bewußt, daß keine der beiden den Menschen Werke geschenkt hat, die vergleichbar sind mit den *Upanishaden*, der *Bhagavad Gītā* oder der Predigt von Sārnāth. Meine Vergleiche, egal ob mit der Geschichte des Abendlandes oder mit Mexiko, sind keine Wertungen.

Die indische Zivilisation ist uralt: Während die Zivilisation im Indus-Tal zwischen 2500 und 1700 v. Chr. ihre Blütezeit hat, entwickelt sich die Mutter-Kultur Mittelamerikas, die olmekische, zwischen 1000 v. Chr. und 300 unserer christlichen Zeitrechnung. Ein anderer Unterschied, der noch bemerkenswerter ist: Die mittelamerikanischen Kulturen entstanden und entwickelten sich bis zum 16. Jh. in völliger Isolierung; Indien dagegen stand immer in Verbindung mit den anderen Völkern und Kulturen der Alten Welt, zuerst mit Mesopotamien und später mit den Persern, Griechen, Kushānas, Römern, Chinesen, Afghanen, Mongolen. Das Denken, die Religionen und die Kunst Indiens wurden von vielen asiatischen Völkern angenommen; ihrerseits haben die Inder Ideen und schöpferische Werke anderer Kulturen aufgenommen und sich anverwandelt. Die mexikanischen Völker erlebten nichts, das sich mit dem Vordringen des Buddhismus nach Ceylon, China, Korea, Japan und Südostasien vergleichen ließe, auch nicht mit dem Einfluß der griechischen und römischen Skulptur auf die Kunst Indiens oder mit den gegenseitigen Anleihen zwischen dem Christentum, dem Buddhismus und dem Zoroastrismus. Die mexikanischen Kulturen lebten in größter geschichtlicher Abgeschiedenheit; nie haben sie die wesentliche Erfahrung der Gesellschaften der Alten Welt gemacht: die Gegenwart des anderen, das Eindringen fremder Zivilisationen mit ihren Göttern, ihren Techniken und ihren Vorstellungen von der Welt und dem Jenseits.

Gegenüber der schwindelerregenden Verschiedenartigkeit der Alten Welt ist die Homogenität der mexikanischen Kulturen beeindruckend. Das Bild, das die mittelamerikanische Geschichte seit ihren Ursprüngen bis zur Ankunft der Spanier im 16. Jh. bietet, ist das des Kreises. Während zweier Jahrtausende begannen diese Völker mit denselben Ideen, Glaubensanschauungen und Techniken immer die gleiche Geschichte. Keine Unbeweglichkeit, sondern ein Kreisen, bei dem jede neue Etappe zugleich ein Ende und ein Neubeginn war. Mittelamerika fehlte der Kontakt zu fremden Menschen, Ideen und Institutionen. Es bewegte sich, ohne sich zu ändern: eine ständige Rückkehr zum Ausgangspunkt. Alle Zivilisationen – nicht ausgenommen die Chinas und Japans – sind das Ergebnis von Überschneidungen und Zusammenstößen mit fremden Kulturen. Alle, bis auf die prähispanischen Zivilisationen Amerikas. Die alten Mexikaner betrachteten die Spanier als übernatürliche Wesen aus einer anderen Welt, da ihnen die Verstandesbegriffe fehlten, um sie zu identifizieren. Sie besaßen nicht die Erfahrung, hatten keinen

Begriff, der die Menschen einer anderen Zivilisation bezeichnet.[1]

Die Grundlage der hinduistischen Zivilisation ist indoarisch. Die im Indus-Tal entstandene Zivilisation geht jener voraus. Ich verkenne nicht, daß es in Mohenjo-Daro und in Harappa Präfigurationen der Kultur und Religion Indiens gibt wie einen Proto-Shiva, den Lingam, den Kult der Großen Göttin und die Baumgeister. Indes scheint mir die Zivilisation des Indus-Tals, von der wir sehr wenig wissen, mehr Ähnlichkeiten zu besitzen mit der Mesopotamiens. Ich brauche wohl nicht zu sagen, daß ich nicht eine Rasse meine, wenn ich von Indoariern spreche, sondern sprachliche, kulturelle und historische Realitäten und Ideen. Aus dieser Perspektive gesehen ist nicht daran zu zweifeln, daß die Grundzüge der hinduistischen Zivilisation indoarischen Ursprungs sind: die Veden und die anderen heiligen Schriften, die Mythologie, die sakrale und literarische Sprache, die großen Dichtungen und, zuletzt, etwas Entscheidendes: die gesellschaftliche Organisation. Einmal mehr muß ich Georges Dumézil anführen, der die Beziehungen zwischen der indischen Mythologie und denen der anderen indoarischen Völker (Kelten, Iranier, Germanen, Römer, Griechen) aufgezeigt hat, sowie auch den indoarischen Ursprung des Kastensystems und vor allem die weitverbreitete Vorstellung der Welt als dreigeteilt, was sowohl in den Mythen als auch in den drei gesellschaftlichen Funktionen und Kategorien gegenwärtig ist: Priester, Krieger und Handwerker.

Gemeinsamkeit sprachlicher und kultureller Ursprünge bedeutet nicht Identität der Entwicklung. Die Entwicklung der Zivilisation Indiens kann als ein Fall von umgekehrter Symme-

1 Siehe meine Essays »Asia y America«, in: *Puertas al campo*, México 1966; »El arte de México«, in: *In/mediaciones*, Barcelona 1979; »El águila, el jaguar y la Virgen«, Einführung zu einer Ausstellung mexikanischer Kunst im Metropolitan Museum, New York 1990.

trie zu der des Abendlandes gesehen werden.[1] In der Geschichte des alten Indien gibt es keine Ereignisse von so großer Bedeutung und mit so weitreichenden Folgen wie die Ausbreitung des Hellenismus und die Herrschaft des römischen Imperiums. Der Hellenismus vereinte die Eliten der Mittelmeervölker und der alten Zivilisationen des Nahen und Mittleren Ostens; Rom vollendete das Werk Alexanders des Großen und seiner Nachfolger, indem es diesen kulturellen Universalismus – Philosophie und Wissenschaft, Künste und Literatur – in eine politische, wirtschaftliche und administrative Realität verwandelte. Der Einfluß war wechselseitig: Rom vereinte die Welt, und die Eliten nahmen die griechisch-römische Kultur und ihr Denken an; die unter der politischen Herrschaft Roms stehenden Völker beeinflußten ihrerseits ihren Herrscher durch ihre Götter und Religionen: Rom und Alexandria errichteten Altäre für Isis und Serapis, Attis und Kybele, Astarte und Mithras. Auf dem Subkontinent dagegen war der Vereinigungsprozeß seiner verschiedenen Völker und Kulturen nicht das Werk eines imperialistischen Staates oder einer vorwiegend philosophischen und literarischen Kultur wie der griechischen, sondern verdankte sich der religiösen Ausbreitung des Hinduismus und Buddhismus. Hauptprotagonist des mediterranen Altertums war der Staat: Cäsaren, Könige, Konsuln, Generäle, Redner, Administratoren; in Indien waren die treibenden Kräfte die religiösen Reformer und ihre Adepten und Schüler, die Priesterschaft, die Sekten und die Mönche, fast immer verbündet mit der Macht einer Dynastie, einer Kaste oder einer Gruppe wie der der städtischen, vom Buddhismus protegierten Händler. Im einen Fall Primat der Politik, im anderen des Religiösen.

Der große Abwesende im klassischen Indien war ein allumfas-

1 Ich habe diese widersprüchliche Symmetrie in den künstlerischen Stilen und in den religiösen Einstellungen zum Körper untersucht in *Verbindungen – Trennungen*, Frankfurt am Main 1984.

sender Staat. Diese Tatsache hat die Geschichte Indiens bis in unsere Zeit entscheidend geprägt. Die drei großen historischen Reiche, die Maurya-, die Gupta- und die Mogul-Dynastie, haben nie den ganzen Subkontinent beherrscht. Die politische Geschichte Indiens war immer die rivalisierender, ständig miteinander im Kampf liegender Monarchien. Erst im 19. Jh., unter der Herrschaft Englands, wurden die Völker Indiens von einer zentralen Macht regiert, mit einer Gerichtshoheit für das ganze Territorium und dessen Bevölkerung. Der gegenwärtige Staat ist in gewissen fundamentalen Aspekten wie dem der Souveränität über das ganze Territorium, der Demokratie, der Parteienherrschaft, der Gleichheit vor dem Gesetz, der Menschenrechte, der Glaubensfreiheit und anderer mehr, der Erbe des *British Raj*. Gleiches kann man von Mexiko sagen, obgleich das spanische Erbe nicht die erwähnten modernen Grundsätze beinhaltete. Wir Mexikaner sind Kinder der Gegenreformation. In Mexiko entsteht die Idee, eine Nation zu werden, bereits im 17. Jh., hundert Jahre nach der Conquista. Vor der Ankunft der spanischen Eroberer hatten die Völker Mittelamerikas, wie die Indiens, eine Zivilisation mit gemeinsamen Werten, doch sie lebten ständig im Krieg miteinander. Die spanische Herrschaft machte mit diesem permanenten Krieg Schluß und vereinte die verschiedenen Völker unter einem sie alle umfassenden Staat. Der gegenwärtige mexikanische Staat ist der Erbe des spanischen Staates und nicht, wie so oft gesagt wird, des aztekischen Reiches. Letzteres hat es nie vermocht, andere Völker zu beherrschen. Es lag dies auch nicht in seiner Absicht; für die Azteken hatte der Krieg eine ökonomische Funktion: den Tribut der Besiegten, und eine religiöse: das Opfer.

In Europa bereitete die Herrschaft Roms das andere große Ereignis vor, das die Geschichte des Abendlandes prägen sollte und für das es in Indien ebenfalls kein Äquivalent gibt: den Sieg des christlichen Monotheismus. Als das Römische Reich zusammenbrach, trat die Kirche an seine Stelle. Auf diese Weise wurde ein Rückfall in die Barbarei vermieden, und die Bande zur griechisch-römischen Antike blieben erhalten. Die Barbaren wurden christianisiert, und seinerseits trat das Christentum das griechisch-römische Erbe an. Im Oströmischen Reich identifizierte sich das Christentum mit Byzanz; im Abendland wurde das Latein zur Sprache der Religion, der Philosophie und der Kultur. Damit veränderte der Sieg des christlichen Monotheismus die heidnischen Gesellschaften von Grund auf, ohne mit der alten Zivilisation ganz zu brechen. In Indien geschah nichts dergleichen. Indes machte die ursprünglich brahmanische Religion zahlreiche Wandlungen durch. Eine war entscheidend: die zum Buddhismus. Seinerseits erlebte dieser sodann eine Phase der Stagnation, die anfangs zusammenfiel mit einer Erstarkung des brahmanischen Einflusses und die bis zum Auftauchen des Islam auf dem Subkontinent andauerte. Der Buddhismus verschwand aus Indien – ein immenser Verlust –, wiewohl er andere Völker bereicherte, unter ihnen China und, etwas später, Japan. Wie ich schon sagte, waren die Beziehungen zwischen dem Hinduismus und dem Islam nicht fruchtbar: sie standen einander in ständiger Feindschaft gegenüber. In Europa nährten sich zuerst die Kirchenväter und dann die großen Scholastiker des Mittelalters von den griechischen Philosophen. Vergil begleitete Dante auf dessen Reise durch das Inferno. Dagegen empfanden die muslimischen Theologen für die Veden und die Upanishaden nicht die Verehrung, die Augustinus und Thomas von Aquin für Platon und Aristoteles empfanden.

Der Monotheismus kam erst spät nach Indien, und in einer seiner radikalsten und extremsten Versionen: dem Islam. Ich beziehe mich natürlich auf den Monotheismus als Religion. Die Idee eines einzigen Prinzips taucht sowohl bei den griechischen Philosophen auf als auch bei den Indern, wie das – ein Beispiel unter vielen – die Spekulationen eines Plotin oder eines Shankara zeigen. Aber der philosophische Theismus ist eine Sache und eine andere der Monotheismus in seinen drei großen geschichtlichen Ausprägungen: der jüdischen, der christlichen und der islamischen. Man braucht nicht die Idee Freuds zu teilen, der im theologischen Absolutismus des Pharaos Echnaton (Amenophis IV.) den Ursprung des jüdischen Monotheismus sah, um sich über die Beziehung klarzuwerden, die auf natürliche Weise zwischen dem Glauben an einen einzigen Gott und einer einzigen Macht entsteht. Die große Stärke und Fähigkeit des Monotheismus war es, zum Kern eines übernationalen Staates zu werden, wie im Falle des Byzantinischen Reichs und des Kalifats. Der Monotheismus war der große Einiger verschiedener Völker, Sprachen, Rassen und Kulturen. Aber er war auch der große Entzweier der Menschen und die Quelle schrecklicher Intoleranz. Das relative Scheitern des Islam in Indien – er hat Millionen bekehrt, doch die Mehrheit blieb ihren alten Göttern und Glaubensanschauungen treu – ist ein Beweis für das doppelte Gesicht des Monotheismus: wenn er nicht eint, trennt er, und zwar mit einem Hieb.

Indien verdankt dem Islam großartige Werke auf dem Gebiet der Architektur, der Malerei, der Musik und der Gartenkunst, nicht zu reden von den großen historischen Erfolgen wie der Schaffung des Mogul-Reiches. Gleichwohl war das Nebeneinander von Islam und Hinduismus – abgesehen von seltenen Perioden – kein Miteinander, sondern eine Rivalität, die immer wieder in blutige Gewalt ausartete. Ich habe bereits das Beispiel des christlichen Monotheismus erwähnt, der nicht nur die religiöse Einheit Europas zuwege brachte, sondern auch eine Brücke zur alten griechisch-römischen Zivilisation schlug. Letzteres war möglich, weil sowohl die Kirchenväter als auch die Gelehrten der scholastischen Periode die griechische Philosophie in die christliche Lehre integrierten. Ohne Platon, Aristoteles, Seneca und die Stoiker hätten die Christen wahrscheinlich keine Philosophie besessen. So hat die griechisch-römische Kultur seit den ersten Jahrhunderten bis heute nicht aufgehört, das Abendland zu befruchten. Auf den Islam hatte die griechische Philosophie ebenfalls großen Einfluß; erst die Araber überlieferten dem mediävalen Abendland das Denken von Aristoteles und die Medizin von Galen; trotzdem erlosch das griechische Denken im Islam, ohne ihn wesentlich verändert zu haben. Averroes scheiterte, während Thomas von Aquin den Sieg davontrug. Deshalb vielleicht erlebte weder die islamische noch die hinduistische Zivilisation etwas, das der Renaissance im Abendland gleichkäme. Und die dritte Singularität der hinduistischen Zivilisation, die sie mit der islamischen gemein hatte: keine von beiden erfuhr eine religiöse Reformation, noch erlebte sie eine kulturelle, künstlerische und philosophische Renaissance. Diese beiden Erneuerungsbewegungen aber sind das Fundament der Moderne, und ohne sie wäre die Expansion Europas, die von den Portugiesen und den Spaniern im 16. Jh. begonnen wurde, zum Stillstand gekommen. Zur Zeit ihrer großen imperialistischen Expansion sahen sich die Europäer versteinerten Kulturen gegenüber.

Das entgegengesetzte und komplementäre Beispiel ist das der mittelamerikanischen Völker, die den europäischen Eroberern keinen Widerstand zu leisten vermochten; im Gegensatz zu den Kulturen der Hindus, der Moslems und der Chinesen verschwanden die ihren angesichts des europäischen Imperialismus. Der Zusammenstoß zwischen den Spaniern und den Mittelamerikanern war ein heftiger Aufeinanderprall zweier Zivilisationen, der mit der Zerstörung der magischen Mentalität und der ritualisierten Kultur endete. Die wissenschaftliche, philosophische, technische und politische Unterlegenheit der Mittelamerikaner erklärt die Conquista nicht gänzlich. Es gibt einen politisch-religiösen Faktor, der die Spanier begünstigte: Mittelamerika war das Feld einer ständigen Schlacht. Die zentrale Idee der Mittelamerikaner, von den Mayas und Zapoteken bis zu den Teotihuacanos und den Azteken, war die Heiligkeit des Krieges. Die Welt war erschaffen worden durch den kosmischen Krieg zwischen den Sternengöttern sowie durch das göttliche Opfer: die Welt war durch das Blut der Götter entstanden. Die Kämpfe zwischen den Menschen waren rituelle Wiederholungen des kosmischen Krieges. Sie endeten mit der Opferung der besiegten Krieger auf der Höhe der Pyramide. Die Bedeutung des Opfers könnte uns entgehen, wenn wir uns nicht seiner doppelten Funktion besinnen: einerseits ging es darum, die Götter mit der göttlichen Nahrung, dem Blut, zu nähren und dadurch am Fortbestand der kosmischen Ordnung mitzuwirken; andererseits brachte die Opferung die Vergöttlichung des Opfers mit sich. Ich habe bereits auf einen Umstand aufmerksam gemacht, der bei den Historikern weniger Beachtung findet: die geschichtliche Abgeschiedenheit Mittelamerikas. Der Kontakt mit den Europäern war für jene Völker verhängnisvoll, weil ihre Isolierung, die sie gegen die Außenwelt abschirmte, sie auch gegen jeden Einfluß von außen wehrlos gemacht hatte. In weniger als einem Jahrhundert wurden alle prähispanischen Gesellschaften – außer ein paar Kommunen, die durch den Urwald, die Wüste oder irgendeine andere natürliche Barriere geschützt waren – von den Spaniern beherrscht. In einigen Regionen dezimierten Epidemien – eine weitere unheilvolle Folge der Isolation – die Bevölkerung.

Der Zusammenstoß zweier Zivilisationen war, wie meistens in der Geschichte, der Kampf unterschiedlicher Vorstellungen von der Welt und vom Jenseits, das heißt verschiedener Religionen. Wie in Indien war es ein Kampf zwischen dem Polytheismus der Ureinwohner und dem Monotheismus der Invasoren. Aber im Gegensatz zu Indien gab es keine Koexistenz, sondern der alte Polytheismus wurde besiegt, und es begannen die massenhaften Konversionen zum christlichen Monotheismus. Diese Konversion war, wie alle, freiwillig und erzwungen. Freiwillig, weil die neue Religion den mittelamerikanischen Völkern eine

Befreiung von der schrecklichen Tyrannei der alten Kulte bot, die auf zwei blutigen Institutionen gründeten: dem ständigen Krieg und dem Opfer. Erzwungen, weil das Christentum eine von den Siegern aufgezwungene Religion war. Weder kann noch muß ich mich über dieses Thema weiter verbreiten. Doch muß ich, und sei es nur nebenbei, einen Umstand erwähnen, der die Konversion der mexikanischen Ureinwohner besser erklärt. Es ist dies keine vollständige Erklärung – keine historische Erklärung ist vollständig –, doch ohne sie bleibt das Phänomen ein unlösbares Rätsel. Ich habe schon gesagt, daß ein Glaube all diese Völker einte: der kosmische Krieg und das Opfer. Die Götter kämpfen miteinander und opfern sich gegenseitig, um die Welt zu erschaffen (oder eher, sie wiederzuerschaffen, da ihre Mythen von früheren Schöpfungen sprechen). Mithin ist die Idee des Opfers das Herz – in der übertragenen wie der realen Bedeutung – der mittelamerikanischen Religionen. Das Blut, wie der Regen, ist schöpferisch. Das Christentum bot eine Sublimierung ihrer Glaubensüberzeugungen: das Opfer eines Mensch gewordenen Gottes, der sein Blut vergießt, um die Welt zu erlösen. Diese Idee hatte die Griechen und die Römer empört, wie sie später die Hindus und die Chinesen empörte: Ein Gott Opfer, ein Gott hingerichtet! Trotzdem wurde diese Idee für die alten Mexikaner zur Brücke zwischen ihrer Religion und dem Christentum.

Die Literatur über die spanische und portugiesische Herrschaft ist reich an düsteren Schilderungen und strengen Urteilen; ohne die Wahrheit vieler dieser Berichte und Verurteilungen zu leugnen, muß gesagt werden, daß es sich um einseitige Betrachtungen handelt. Viele dieser Anklagen waren vom Neid diktiert und von imperialistischen Rivalitäten der Franzosen, Engländer und Holländer. Nicht alles war Horror: auf den Ruinen der präkolumbischen Welt errichteten die Spanier und die Portugiesen ein grandioses historisches Gebäude, das im großen und ganzen fortbesteht. Sie einten viele Völker, die verschiedene Sprachen sprachen, verschiedene Götter anbeteten, gegeneinander kämpften oder nichts voneinander wußten. Sie einten sie durch Gesetze, eine Rechtsordnung und politische Institutionen, doch vor allem durch die Sprache, die Kultur und die Religion. Waren die Verluste auch enorm, der Gewinn war immens.

Um die Leistungen der Spanier in Mexiko gerecht zu beurteilen, muß hervorgehoben werden, daß wir ohne sie – das heißt ohne den Katholizismus und die Kultur, die er unserem Land brachte – nicht wären, was wir sind. Wir wären vermutlich ein Konglomerat von Völkern, getrennt durch verschiedene Glaubensanschauungen, Sprachen und Kulturen. Der katholische Monotheismus aber einte unter der spanischen Herrschaft die Völker Mexikos. Hier muß ich einen Umstand anführen, der mir wesentlich erscheint und ohne den die Erklärung des Übergangs vom Polytheismus zum christlichen Monotheismus unvollständig wäre. Es war das Christentum in seiner katholischen Version, das man Mexiko aufzwang. Nicht weniger entscheidend als die Integrierung der griechischen Philosophie durch die Kirchenväter und die Scholastiker des Mittelalters war die Verwandlung der alten heidnischen Götter in christliche Heilige und Teufel. Eines der großen Ereignisse im mexikanischen Katholizismus war das Erscheinen der Jungfrau von Guadalupe, die einem mexikanischen Indio auf eben dem Hügel erschien, wo sich vor der Conquista das Heiligtum einer prähispanischen Göttin befand. Damit schlug der Katholizismus in Mexiko Wurzeln, und gleichzeitig verwandelte er die alten Götter in Heilige, Jungfrauen und Teufel der neuen Religion. Nichts dergleichen geschah in Indien durch den islamischen Monotheismus oder den christlichen Protestantismus. Beide betrachteten den Kult der Bilder, der Heiligen und der Jungfrauen als Idolatrie.

Der hispanische Katholizismus zeigte sich oft intolerant, denn er war vom Geist des Kreuzzugs besessen. Er war eine Religion, die sich während eines jahrhundertelangen Kampfes gegen einen Monotheismus entwickelt hat, der nicht minder unduldsam war: den Islam. Gleichwohl besaß der Katholizismus als Erbe Roms die Fähigkeit, fremde Kulte zu assimilieren, die dem protestantischen Christentum, das rigider und weniger aufgeschlossen war, fehlte. Die Spanier und die Portugiesen wollten die Ungläubigen bekehren und schreckten nicht davor zurück, Zwang anzuwenden, um ihr Ziel zu erreichen. Sie errichteten die letzten prämodernen Imperien. Die Engländer hatten nie besonderes Interesse, die unterworfenen Völker zu christianisieren. Doch dort, wo der imperiale Staat sich damit begnügte, die seiner Macht unterworfenen Nationen zu verwalten, wie dies beim europäischen Imperialismus in der Neuzeit der Fall war, brachen die alten Querelen zwischen Stämmen und Religionen wieder aus, sobald diese Völker ihre Unabhängigkeit erlangten. Die Engländer hinterließen Indien ein unschätzbares Erbe: eine demokratische Rechtsordnung, politische Institutionen sowie eine Verwaltung, an der die Inder wohlweislich festhielten. Doch sie rührten nicht an die alten religiösen, ethnischen und kulturellen Trennungen. Diese Trennungen führten, kaum war die englische Herrschaft beendet, zu blutigen Kämpfen. Das Ergebnis war die heutige Dreiteilung: Indien, Pakistan und Bangladesh.

Gandhi: Zentrum und Extrem

Zu einem ersten Kontakt der Inder mit dem modernen christlichen Monotheismus kam es durch die Portugiesen, die sich 1510 in Goa festsetzten, sich ausbreiteten und einige Gruppen von Indern zu bekehren vermochten.[1] Doch schon bald mußten sie mit

1 Ich lasse die Legende beiseite, der zufolge der heilige Thomas zweimal Indien besuchte (bei seinem zweiten Besuch soll er im Jahre 68 in Mylapore den Opfertod gestorben sein). Dagegen ist sicher, daß seit dem 1. Jh. an der Malabarküste

anderen europäischen Mächten – Holländern, Franzosen, Engländern –, welche Stützpunkte und Vorrechte kommerzieller Art suchten, wetteifern und kämpfen. Indien war durch die Kämpfe zwischen verschiedenen Königreichen zerrissen, und es herrschten anarchische Zustände, die sich Anfang des 18. Jh. mit dem Tod Aurangzebs noch verschlimmerten. Die Engländer besiegten alle ihre europäischen und einheimischen Rivalen in einem militärischen und diplomatischen Kampf, der zwei Jahrhunderte dauerte. Im Jahre 1858 wurde Indien schließlich britische Kronkolonie. Die britische Herrschaft zeichnete sich durch verschiedene Besonderheiten aus. Als erstes ist hervorzuheben, daß die Engländer, im Unterschied zu den islamischen Eroberern oder zu den Spaniern und Portugiesen, nicht vom Geist des Kreuzzugs beseelt waren: sie wollten nicht missionieren, sondern herrschen, auf wirtschaftlichem Gebiet ebenso wie auf dem politischen. Es ist dies ein ganz moderner Wesenszug. Der East India Company widerstrebte es lange Zeit, sich in die religiösen und politischen Angelegenheiten der Inder einzumischen. Sie tat dies erst, als die Umstände sie dazu zwangen.

Ich hebe eine weitere Besonderheit hervor: Mit dem englischen Imperialismus kamen, gemeinsam, doch nicht vereint, das protestantische Christentum und die Moderne nach Indien. Auf dem Subkontinent gab es keine nationale oder staatliche Kirche wie die anglikanische in England. Obwohl sich die englische Regierung als christlich betrachtete, hatte sie nicht, wie die Spanier in Amerika, die Absicht, ihre indischen Untertanen, die Hinduisten und Muslime, zu bekehren, noch wollte sie eine Staatsreligion einführen. Die Trennung zwischen der weltlichen Macht und den verschiedenen christlichen Kirchen war von An-

christliche Gemeinden gegründet wurden, die zur syrischen Kirche gehören und noch heute existieren. Doch die Version des Christentums, welche die Inder im 14. Jh. kennenlernten, war eine ganz andere. Siehe Romila Thapar, *History of India*, Bd. I, London 1966.

Lord Hastings (1732-1818), Gemälde von Thomas Gainsborough

Oben: Lord Macaulay (1800-1859)
Zeichnung von Bassano

Rechts: Robert Clive (1725-1774)
und Mir Jaffier nach der Schlacht
von Plassey (1757),
Gemälde von F. Hayman

Mirza Asadullah Khan Ghalib (1797-1869)

Rabīndranāth Tagore (1861-1941)

Mahatma Gandhi (1868-1948) und Jawārharlāl Nehru (1889-1964), Bombay im Juli 1946

Octavio Paz und Indira Gandhi (1917-1984),
Neu-Delhi 1968

Jawārharlāl Nehru und Octavio Paz, Neu-Delhi 1962

fang an eine von allen akzeptierte Tatsache. Zudem gab es bei den Christen viele verschiedene Sekten, weshalb sie keine Macht zu bilden vermochten, die mit dem Staat rivalisierte, wie das in spanischen Herrschaftsgebieten geschah. Auch hatte die protestantische Kirche keine so einflußreichen Orden wie den der Dominikaner oder gar den der Jesuiten. Die Christianisierung Indiens wurde von Missionaren durchgeführt, die verschiedenen Glaubensrichtungen angehörten. Die Art von Monotheismus, die diese Kirchen lehrten (und lehren), verhinderte die Assimilierung des hinduistischen Kults der Bilder und Idole. Ebensowenig erreichten schließlich die Jesuiten, auch wenn sie sich das Kastensystem im Süden Indiens zu eigen machten. Kurz, das Christentum, das die Engländer einführten, war eine moderne Version dieser Religion: Trennung zwischen Kirche und Staat, Abschaffung des Bilderkults, Freiheit in der Auslegung der Heiligen Schrift sowie weitere Prinzipien der Reformation. Eine Religion, arm an Riten und Zeremonien, aber durchdrungen von moralischem und sexuellem Rigorismus. Das genaue Gegenteil der hinduistischen Volksreligion.

Die Moderne beginnt mit der Reformation; eins ihrer konstitutiven Elemente ist das Hinterfragen, das heißt die Kritik. Das Christentum, von den Engländern nach Indien gebracht, war ein modernes Christentum, denn in sich barg es das große zersetzende Element aller Glaubensanschauungen: die freie Auslegung der Heiligen Schrift. Mit dem Protestantismus kam das moderne Denken nach Indien: die Philosophie, die Wissenschaft, die politische Demokratie, der Nationalismus. Der englische Imperialismus führte in Indien die Moderne ein und mit ihr die Kritik an seiner Herrschaft. In Mexiko wurde die Kritik an den Ausschreitungen der Spanier von Mönchen wie Bartolomé de Las Casas geübt, deren Argumente sich auf das Christentum des Mittelalters und die scholastische Philosophie gründeten. Das genaue Gegenteil geschah in Indien: dort implizierte die Aneignung der Moderne durch eine Handvoll Intellektueller die Kritik an der britischen Herrschaft von eben den Prinzipien des englischen Systems aus. Aus kommerziellen wie auch politischen Gründen begannen die Beamten der East India Company sich im Verkehr mit den Einheimischen des Persischen, der Amtssprache des Hofes von Delhi, zu bedienen. Schon früh interessierten sich die Engländer für die indische Zivilisation, und 1784 gründete der Orientalist William Jones die Asiatic Society in Kalkutta, das damals die Hauptstadt von Britisch-Indien war. Ihrerseits lernten viele Inder Englisch, die meisten aus praktischen Motiven, aber einige auch aus echtem Interesse an der europäischen Kultur. Fast alle waren Brahmanen aus Bengalen. Und damit beginnt, strenggenommen, das moderne Indien. Es bedeutete auch die Wiederbelebung des Hinduismus, aber eines Hinduismus, der, vom Protestantismus beeinflußt, der Ursprung der politischen Unabhängigkeitsbewegung werden sollte.

Der englische Einfluß wäre auf ein paar Personen beschränkt geblieben, hätte man nicht das englische Unterrichtssystem übernommen. Dieser Entschluß wurde 1835 gebilligt, und zwar auf Empfehlung von Thomas Macaulay, damals ein Mann von 35 Jahren, der im Jahr zuvor zum Präsidenten der Kommission für das öffentliche Unterrichtswesen ernannt worden war. Allerdings muß gesagt werden, daß zwölf Jahre früher Rāmmohan Roy, genannt der »Vater des modernen Indien«, in einem Brief an den Generalgouverneur forderte, in Bengalen Schulen zu gründen, welche die Einheimischen das Englische anstatt Sanskrit oder Persisch lehren: »Ich bitte Eure Exzellenz, den Stand der Wissenschaft und der Literatur in Europa vor der Zeit Lord Bacons mit den seither gemachten Fortschritten im Wissen vergleichen zu wollen ... Das sanskritische Erziehungssystem zu übernehmen (wie es, unter anderen, der Orientalist William Jones vorschlug) wäre die beste Art, dieses Land in dunklem Unwissen zu halten...« Roy bewunderte die hinduistische Tradition und trat nie zum Christentum über, so daß er mit seinem Argument nicht des Verrats beschuldigt werden konnte. Macaulays Entscheidung hingegen gründete auf seiner unverhohlenen Verachtung für die indische Tradition, die moslemische wie die hinduistische, und auf seiner schwärmerischen Verehrung der europäischen Kultur und, vor allem, der englischen Sprache. Er betrachtete sie, nicht ohne Grund, als die Weltsprache der Zukunft. Macaulays Geringschätzung der orientalischen Kulturen ist seiner Unkenntnis dieser großen Traditionen zuzuschreiben, bei einem Historiker seines Ranges ein merkwürdiger Fehler in der Perspektive; trotzdem hatte er im Grunde genommen recht: weder die Hindus noch die Moslems hatten seit dem 13. Jh. einen Korpus von Wissen und literarischen und künstlerischen Werken vergleichbar dem der Europäer geschaffen. Beide Zivilisationen waren geistig versteinert, wiewohl auf dem Gebiet der Politik und des Krieges ständig von Konvulsionen geschüttelt.

Der Vorschlag von Macaulay siegte. Seine Idee war es, den Indern die Welt der modernen Kultur zu erschließen. Eins seiner Argumente bezog sich auf den Präzedenzfall Rußland: »In weniger als einhundertzwanzig Jahren hat sich diese Nation, barbarisch wie unsere Ahnen vor den Kreuzzügen, aus dem Abgrund von Ignoranz, in den sie gestürzt war, erhoben und ihren Platz unter den zivilisierten Nationen eingenommen ... Die Sprachen Westeuropas haben Rußland zivilisiert. Ich hege keinen Zweifel, daß sie bei den Hindus das gleiche bewirken werden wie bei den Tataren ...« Macaulay räumte ein, daß es unmöglich sei, das englische Unterrichtssystem auf die gesamte Bevölkerung auszudehnen. Hier zeigt sich ein weiterer Unterschied zur hispanischen Herrschaft in Amerika: die Unterweisung der amerikanischen Ureinwohner im Spanischen verfolgte einen doppelten Zweck, einen politisch-administrativen sowie einen religiösen. Doch die Verfolgung dieser beiden Zwecke war weder die Intention Macaulays noch die der englischen Verwaltung. Macaulay präzisierte, es sei »unmöglich, mit unseren beschränkten Mitteln die Mehrheit der Bevölkerung zu bilden. Vorderhand muß dafür gesorgt werden, eine Klasse zu formieren, die zwischen uns und den Millionen, die wir regieren, als Dolmetscher fungiert. Eine Klasse, der Rasse und Hautfarbe nach Inder, aber englisch in ihren Vorlieben, in ihrer Moral, ihren Ansichten und ihrem Intellekt.« Dieser Klasse, fügte er an, würde es zukommen, künftig der großen Masse der Bevölkerung nach und nach die modernen Kenntnisse zu vermitteln.

Die Bildungsreform von 1835 hatte entscheidende Folgen für die Entwicklung des modernen Indien und wirkt sich noch heute auf das Leben in diesem Land aus. Zuerst schuf man, wie Macaulay das wünschte, eine intellektuelle Klasse anglisierter Inder, anfangs in Bengalen und später in den großen Zentren des Subkontinents wie Bombay, Delhi und Madras. Und schon bald bediente sich diese Klasse der englischen und europäischen Ideen, um ihre eigene Tradition neu zu interpretieren und so die Saat der Unabhängigkeitsbewegung auszustreuen. Als eine weitere Folge der Bildungsreform wurde den indischen Völkern eine gemeinsame Sprache gegeben. Noch heute ist das Englische die Verkehrssprache zwischen den verschiedenen Sprachgemeinschaften. Die Reform hat zugleich geeint und getrennt. Das Persische wurde als Amtssprache verdrängt, und damit fühlte sich auch die moslemische Gemeinschaft an den Rand verwiesen. Die Moslems verschanzten sich hinter ihren Traditionen, was sie den Hindus gegenüber in eine unvorteilhafte Lage brachte. Später ahmten sie eifrig ihre Rivalen nach und übten sich in der neuen Art zu sprechen und zu denken. Doch die Kluft zwischen den beiden Gemeinschaften war breiter und tiefer geworden. Daß sie an der englischen Kultur als einem Gemeingut teilhatten, einte die Hindus und Moslems nicht, sondern trennte sie noch mehr. Warum? Wahrscheinlich weil ihre Interpretation der modernen Kultur nicht den Verzicht auf ihre jeweiligen Religionen mit einschloß. Man mußte zwei Generationen abwarten, bis wirklich säkulare und agnostische Gestalten wie Nehru auftauchten. Die indischen Intellektuellen sahen in der modernen europäischen Kultur weniger ein allumfassendes kritisches Denken als vielmehr ein Mittel, ihre eigenen Traditionen zu läutern, die durch Jahrhunderte der Unwissenheit, geistiger Unbeweglichkeit und tausendjährigen Aberglauben entstellt worden waren.[1]

Der politischen Bewegung ging eine religiöse Reform des Hinduismus voraus, in welcher der Einfluß des Anglikanismus ausschlaggebend war. Rāmmohan Roy, der Vater dieser Reform, wollte die Restauration des Hinduismus in seiner ursprünglichen Reinheit. Von den Ideen der Unitarier beeinflußt, fiel es ihm nicht schwer, in den Schriften des Brahmanismus einen Beweis dafür zu finden, daß die wahre hinduistische Religion, von Jahrhunderten des Aberglaubens entstellt, ein nicht minder rigoroser Monotheismus war als jener der Christen. Er suchte nicht nach den Unterschieden zwischen dem indischen und dem abendländischen Denken, sondern nach Ähnlichkeiten. Ich bin sicher, daß ihm nie klargeworden ist, daß er sich eines frommen Betruges schuldig machte. Dieselbe Konfusion kann man bei den Reformern feststellen, die ihm folgten. Der berühmte Srī Rāmakrishna predigte die Rückkehr zur traditionellen Religion; er war ein Verehrer der Großen Göttin, die ihm in seinen Visionen häufig erschien; auch »sah er Gott in seinen verschiedenen Manifestationen: Krishṇa, Christus und Mahoma« *(sic)*. Sein Schüler Swāmi Vivekānanda beklagte in einer 1899 gehaltenen Rede die Schwäche der Hindus, die unbewußt die westlichen Sitten und

1 Siehe zu diesem Thema und den daran anschließenden Überlegungen die Anthologie von Texten der Reformer und ihrer Nachfolger mit der nützlichen Einführung von Stephen N. Hay in der Abteilung »Modern India and Pakistan«, in: *Sources of Indian Tradition*, Columbia University Press, New York 1960.

Gebräuche annehmen, und forderte sie auf, zu ihren alten Riten und Glaubensanschauungen zurückzukehren; ohne Rücksicht auf Kastenunterschiede sollen die Hindus einander umarmen »wie wahre Brüder«. Abgesehen von dem Anklang an die Evangelien enthält diese Ermahnung eine dreifache Häresie: die Umarmung führt zur Verunreinigung zwischen den Angehörigen verschiedener Kasten, die Brüderlichkeit negiert das karmische Gesetz und postuliert die Existenz eines Schöpfergottes. Um den Hinduismus gegen die Kritik der Missionare zu verteidigen, christianisierten ihn die Reformer. Ihre geheime Religion war das Christentum: ohne es zu wissen noch zu wollen, hatten sie dessen Werte zu den ihren gemacht.

Die Wiederentdeckung des Hinduismus durch diese Brahmanen und anglophilen Intellektuellen, abgesehen von der Strenge und Genauigkeit ihrer Interpretationen der Veden und der anderen Schriften, hatte zur Folge, daß sich die Hindus als die wahren Erben einer großen Zivilisation erkannten. Zur gleichen Zeit fanden viele geistig unbefriedigte Europäer, unglückliche Kinder der Moderne, in den östlichen Lehren eine unbekannte Quelle der Weisheit. Die Theosophische Gesellschaft, in jenen Jahren von großem Einfluß, machte die hinduistische Lehre der Seelenwanderung und des karmischen Gesetzes zu der ihren. Annie Besant, berühmt in der Geschichte der Fabian Society, wurde Mitglied dieser Gesellschaft und führte bis zu ihrem Tod 1933 deren Vorsitz. Schon Anfang des Jahrhunderts ließ sie sich in Indien nieder, nahm am Kampf für die Unabhängigkeit teil, kam ins Gefängnis und wurde 1917 zur Präsidentin des Indischen Nationalrates gewählt.[1] Sie war der fünfte – und letzte – Brite, der diesen Posten bekleidete.

Die nationalistischen Strömungen nährten sich von den Ideen der religiösen Reformer. Und nicht allein von ihren Ideen, son-

1 Annie Besant glaubte, daß sie in einem ihrer früheren Leben ein Hindu gewesen war. Auch war sie Hypatia und Giordano Bruno gewesen.

dern auch von ihren Gefühlen und Leidenschaften. Hinduismus und Nationalismus wurden Synonyme. Ähnliches geschah bei den Moslems. Eine parallel verlaufende Strömung wollte den Islam von Aberglauben und fremden Zutaten befreien. In Wirklichkeit aber ging es darum, ihm einen christlichen Anstrich zu geben. Auch für die Moslems waren Politik und Religion nicht mehr voneinander zu unterscheiden (sofern der Islam je zwischen ihnen unterschieden hat). Es ist daher nicht verwunderlich, daß die Moslems die Aktivitäten des Indischen Nationalkongresses mit Argwohn betrachteten. Von Anfang an waren die Differenzen zwischen ihnen von Leidenschaft und religiöser Intoleranz geprägt. Der Kampf für die Unabhängigkeit war oft ein Kampf gegen die Religion des Gegners. Der Indische Nationalkongreß, an dessen Gründung Allan O. Hume, ein Schotte mit eher moderaten Bestrebungen, entscheidend mitgewirkt hatte, trat zum ersten Mal 1885 zusammen. Der Kongreß war eine Art »loyale Opposition« zur britischen Verwaltung, und erst später, dank Gandhi, änderte er Methoden und Ziele. Die Moslems nahmen an diesen Aktivitäten kaum teil.

Bald nach seiner Gründung spaltete sich der Kongreß in Gemäßigte und Radikale. Erstere waren aufrichtige Bewunderer des englischen demokratischen Systems; sie gingen graduell vor, weil sie wußten, daß sich Institutionen langsamer ändern als Gesetze: die englische Demokratie war das Resultat der gesellschaftlichen Entwicklung seit dem 16. Jh. gewesen. Aber die englische Demokratie in England war eine Sache und die in Indien eine andere; die Gemäßigten verschlossen oft die Augen vor dem Machtmißbrauch vieler Mitglieder der britischen Kronkolonie, die von der Idee ihrer Überlegenheit gegenüber den Einheimischen durchdrungen waren. Außerdem waren sie in ihren Beziehungen zur vizeköniglichen Regierung oft allzu vorsichtig. Dennoch waren es die Gemäßigten, welche die Rechte der Meinungsfreiheit und der Vereinsbildung erwirkten, die etwas später den Radikalen zugute kommen sollten. Die Gemäßigten gehörten den Gruppen mit dem größten Zulauf an, sie traten für weitreichende Reformen ein, vor allem in der Wirtschaft und im sozialen Bereich. Auf diesen Gebieten waren sie die Vorläufer des modernen und zeitgenössischen Indien. Ein weiteres noch wirksames Erbe: ihre Perspektive war weltlich, laizistisch, und obgleich viele von ihnen Gläubige waren, wußten sie die Angelegenheiten dieser Welt und die des Jenseits sorgsam auseinanderzuhalten. Zuletzt das Wichtigste: sie waren Demokraten. Doch alle diese an sich lobenswerten Einstellungen entfernten sie von den Volksgruppen, die von religiösen Leidenschaften beherrscht waren.

Dagegen gewannen die Radikalen schon bald die Massen für sich. Die Gründe dafür waren ihre Unnachgiebigkeit gegenüber der fremden Macht, ihre Forderung nach mehr sozialer Gerechtigkeit, ihr extremer Nationalismus nicht nur gegenüber den englischen Behörden, sondern auch gegenüber anderen ethnischen und religiösen Minderheiten, insbesondere der muslimischen. Mit der verbalen Gewalt verbanden die Radikalen die der Aktion: lautstarke Demonstrationen, Meutereien und sogar einige terroristische Attentate. Mehrere ihrer Führer wurden inhaftiert, und das machte sie zu Volkshelden. Die Effizienz der Taktik der Radikalen verdankt sich im wesentlichen der Verbindung zweier populärer Passionen: der Religion und dem Nationalismus. Die Hindus waren zutiefst religiös, doch ihre Religiösität wurde aktiver, aggressiver und gewalttätig durch die Injektion der bis dahin in Indien und Asien unbekannten Leidenschaft des Nationalismus. Die nationalistische Ideologie ist eine moderne europäische Erfindung, und ihre Vermischung mit den traditionellen Religionen war und ist explosiv. Der hinduistische Nationalismus der Radikalen des Kongresses, unter ihrem Führer Bāl Gangādhar Tilak (1856-1920), war der Keim der Ideologie der gegenwärtigen Bhāratiya-Janata-Partei

(BJP), die mit ihrer Doktrin eines hinduistischen Nationalismus heute nicht nur die Demokratie, sondern auch die Integrität Indiens bedroht.[1]

Der Kampf der Radikalen richtete sich nicht nur gegen die Kirchen. Tilak stammte aus Maharashtra, seit dem 17. Jh. das Zentrum des Kampfes gegen die Mogul-Herrscher. Er verfiel auf die Idee, in der Marathen-Region zwei Festspiele zu veranstalten, eins zu Ehren des Hindu-Gottes Ganesha und das andere zum Gedenken an Shivājī, den Marathen-Helden, der gegen Aurangzeb gekämpft hatte. Dies bedeutete die Wiederbelebung des traditionellen Kampfes gegen den Islam: das dem Elefantengott Ganesha gewidmete Festspiel wurde an einem muslimischen religiösen Feiertag veranstaltet. Die Verbindung zwischen Politik und Religion, Nationalismus und Hinduismus konnte perfekter nicht sein. Gleichwohl gab es in der Handlungsweise Tilaks und der anderen Extremisten einen Widerspruch, welcher derselbe ist, dem sich heute die Hinduisten der BJP und die anderen ultrarechten Gruppen gegenübersehen, auch wenn sie das nicht sagen: Die Idee der Nation ist unvereinbar mit der Institution der Kasten. Der auf der Religion gründende hinduistische Nationalismus macht aus allen Gesellschaftsgruppen ein mehr oder weni-

1 Die BJP ist eine nationalistische Partei, die aus Indien eine hinduistische Nation machen will. Der Aufhetzung der Massen durch ihre radikalen Elemente ist die Zerstörung einer Moschee in der nordindischen Kleinstadt Ayodhya im Staat Uttar Pradesh zuzuschreiben, die angeblich der Geburtsort des Gottes Rāma (eine der Verkörperungen Vishṇus) ist. Den Nationalisten zufolge hatte Kaiser Bābur um 1528 einen der Geburtsstätte Rāmas geweihten Tempel niederreißen und auf dessen Trümmern eine Moschee errichten lassen. Am 6. Dezember 1992 wurde diese Moschee von einer großen Anzahl Fanatiker – dreihunderttausend –, welche die Parteien und Gruppen der extremen Rechten zusammengerufen hatten, zerstört. In kürzester Zeit errichteten sie dort einen Rāma gewidmeten Tempel. Die Folgen waren weitere Aufstände, vor allem in Bombay, bei denen über fünfzehnhundert Personen, in ihrer Mehrheit Muslime, ums Leben kamen.

ger homogenes Ganzes, eine Nation. Die Kasten verschwinden oder werden subsidiäre Realitäten, abhängig von der Realität aller Realitäten: der hinduistischen Nation. Nun aber ist die Grundlage dieses Nationalismus religiös, und die Existenz der Kasten ist eine der Folgen des zentralen Prinzips des Hinduismus: des karmischen Gesetzes. Weder die Radikalen von gestern noch die Nationalisten von heute haben sich diesem Widerspruch gestellt. Aber daß sie das nicht getan haben, bedeutet nicht, daß es ihn nicht gibt. Seine Bedeutung ist klar: Der hinduistische Nationalismus wie die anderen sogenannten »politisch-religiösen Fundamentalismen« – zum Beispiel die islamischen im Nahen Osten und in Nordafrika – sind reaktionäre Versionen einer modernen Ideologie. Das große Manko der Nazis war, daß sie mit keinem Odin oder Thor aufwarten konnten, so wie sich die Hinduisten auf Rāma und die Muslime auf Mohammed berufen.

Die Spaltung in Gemäßigte und Radikale paralysierte den Kongreß. Keine der beiden Gruppen wäre imstande gewesen, die Unabhängigkeitsbewegung zu einem guten Ende zu bringen. Zu diesem Zeitpunkt, 1920, wird Mohāndās K. Gandhi die zentrale Gestalt. In diesem Jahr auch, wie als Zeichen der neuen Zeit, stirbt Tilak. Gandhis Aktionen, die spirituell wie politisch waren – in seinem Fall nicht zu trennende Begriffe –, entspannten nicht nur eine Lage, die ausweglos schien, sondern überwanden sie auch. Wie bei den Radikalen verbanden sich in seiner Gestalt das Religiöse und das Politische. Doch der Verbindungspunkt war ein anderer: die Gewaltfreiheit und die Freundschaft mit Menschen anderer Religionsgemeinschaften, insbesondere den Muslimen. Im Gegensatz zum Nationalismus der Radikalen wurde bei Gandhi die Religion nicht von der Politik absorbiert; eher vermenschlichte die Religion die Politik. Die Religion Gandhis war nicht die orthodoxe, sondern eine reformistische Version, die von den Massen jedoch akzeptiert wurde, weil sie in seiner Haltung, der des von der Tradition verehrten Asketen, begründet war. Gandhi erreichte, was die Gemäßigten nicht vermocht hatten: im Volk Wurzeln zu fassen; zugleich bewies er den Radikalen, daß Toleranz und Gewaltfreiheit nicht unvereinbar waren mit Unbeugsamkeit und Effizienz. Für die Massen verkörperte Gandhi den Asketen, der der Welt entsagt hat und von allen Hinduisten verehrt wurde; für die politischen und pragmatischen Menschen dagegen war er der Mann der Tat, fähig, mit dem Volk und den Behörden zu sprechen, geschickt im Verhandeln und in seinen Grundsätzen nicht korrumpierbar.

Die Verschmelzung des Religiösen und des Politischen, der Askese und des Pragmatismus ist nur ein Aspekt des überraschenden Einklangs der Gegensätze, der Gandhi zu einer einzigartigen Gestalt macht. Er war ein traditioneller Hindu, aber auch ein Europäer. Auf sein politisches Denken und seine Religiösität, diese zwei voneinander nicht trennbaren Seiten seiner Persönlichkeit, hat der Westen einen starken, deutlich spürbaren Einfluß ausgeübt. Seine politische Tätigkeit gründete sich auf keine hinduistische Tradition, sondern auf den Pazifismus Leo Tolstois; seine Ideale einer Gesellschaftsreform sind denen Kropotkins näher als den Gesetzen des Manu; seine Idee des passiven Widerstands gemahnt an den »zivilen Ungehorsam« eines Thoreau. Gandhis Familie war vishṇuitisch, und auch er selbst war ein glühender Verehrer Vishṇus. Trotzdem las er die Bhagavad Gītā in der englischen Übersetzung von Sir Edwin Arnold. In Gandhi verbindet sich die jainitische Tradition der Gewaltfreiheit *(ahiṁsā)* mit dem Aktivismus eines Tolstoi und eines Thoreau, der nicht zögerte, lieber ins Gefängnis zu gehen, als 1847 die Steuer für den Krieg der Vereinigten Staaten gegen Mexiko zu zahlen. Die Gewaltfreiheit hat eine doppelte Grundlage: eine politische und ethische, die westlich ist, und eine religiöse, die jainitisch ist. Ich betone, daß der Jainismus, wiewohl de facto in die hinduistische Tradition integriert, von den Orthodoxen immer als eine Richtung betrachtet wurde, die im Pluralismus des Hinduismus keinen Platz hat.

Die jainitische Kosmologie bekräftigt die Solidarität zwischen allen Lebewesen; auf eines von ihnen, so unbedeutend es sein mag, Gewalt auszuüben heißt, sich gegen den ganzen Kosmos versündigen. Ich erinnere mich, wie verblüfft ich war, als ich einer Gruppe jainitischer Mönche begegnete – großartige Mnemotechniker –, die sich mit einem Taschentuch den Mund verbunden hatten, um durch das Einatmen nicht irgendein Insekt zu töten. Jainiten waren wahrscheinlich auch die »gymnosophistischen Philosophen« (gemeint sind Nackte), die mit dem Scharfsinn ihrer Argumentation und ihrer strengen Askese Alexander den Großen und sein Gefolge in Verwunderung versetzten. Auch heute sind viele Jainiten reiche Juweliere und Kaufleute. Wiewohl sie Gewaltfreiheit predigen, hat »die jainitische Ethik«, sagte A. L. Basham, »oft einen frostigen Charakter, da ihr Altruismus sich einem höheren Egoismus verdankt«.[1] Auch bei Gandhi ist, wo nicht Kälte, so doch der jainitische Pragmatismus spürbar. Sein Genius bestand darin, die Gewaltfreiheit aus persönlicher religiöser Moral heraus zu einem kollektiven Kreuzzug zu machen, der Millionen Menschen mißriß. Obwohl die Kongreßpartei von Anfang an eine säkulare Bewegung war, war sie in ihren beiden Zweigen verschiedenen hinduistischen Einflüssen ausgesetzt. Ihr großes Manko war, daß sie nie eine genügende Anzahl Moslems für sich gewinnen konnte. Obgleich dies auch Gandhi nicht vermocht hatte, war er hierin doch eine Ausnahme: er reichte den Moslems und den Sikhs die Hand. Die Religion war dem pragmatischen und realistischen Politiker nicht im Wege; umgekehrt befleckte oder trübte die Politik nicht seinen Glauben.

Die Lehre Gandhis war widersprüchlich: er war nationalistisch

1 *The Wonder that was India*, London 1954.

und glaubte an die Demokratie, zugleich aber haßte er die Technik, die Industrie und die westliche Zivilisation, die er als eine »Krankheit« betrachtete. Ihre Erfindungen seien an sich schädlich. »Ich bin den Engländern nicht feindlich gesinnt, sondern ihrer Zivilisation« (*Hind Swarāj*, Indian Home Rule, 1909). Er betrachtete die Eisenbahn und den Telegraphen als unheilvolle Erfindungen – aber er benutzte sie. Seine gesellschaftliche Utopie war eine Idealisierung der alten hinduistischen Zivilisation und besaß nicht mehr Realität als die des Naturmenschen bei Rousseau. Seine Predigt verfolgte ein doppeltes und widersprüchliches Ziel: das indische Volk von der britischen Herrschaft befreien und zu einer Gesellschaft außerhalb der Zeit zurückkehren, einer Gesellschaft, die sich dem Ackerbau widmet, den Profit strikt ablehnt, friedfertig ist und an ihrer traditionellen Religion festhält. Ein Arkadien, bevölkert nicht mit verliebten Schäfern, sondern mit Asketen, die ihre Götter lieben und in denen sich die Wahrheit manifestiert oder verkörpert. Nie wollte oder konnte er seinen Zuhörern und Lesern diese Wahrheit erklären, die ihn zu seinen Worten und Taten inspirierte. Aber man muß hierin keine philosophische oder auch nur logische Kohärenz suchen. Er war nicht Sokrates, und das Geheimnis seines immensen Einflusses auf sein Volk liegt nicht in seinen Argumenten, sondern in der Einheit von Wort und Tat im Dienst eines uneigennützigen Vorhabens. Er wollte weder Macht noch Ruhm: er wollte den anderen dienen, insbesondere den Hilflosen. Er bezeugte es mit seinem Leben und mit seinem Tod.

In einem gottlosen Jahrhundert wie dem unseren hat die Gestalt Gandhis etwas Wunderbares: in ihm verbanden sich die größten Gegensätze, das Handeln und die Passivität, die Politik – diese unverhohlenste Form der Machtgier – und das Eintreten für eine Religion der Uneigennützigkeit. Er war ein lebender Widerspruch: stets bekräftigte er seinen Glauben an die traditionelle Religion, doch ist dem orthodoxen Hinduismus nichts ferner als die Verbrüderung unter den Kasten, die Freundschaft mit den Muslimen und die Lehre der Gewaltfreiheit. Es fällt schwer, mit vielen politischen und philosophischen Ideen Gandhis konform zu gehen; ich verstehe und teile seinen Abscheu vor vielen Aspekten der zeitgenössischen technologischen Zivilisation, doch die Mittel dagegen, die er uns vorschlägt, sind teils schimärisch, teils schädlich. Armut kann weder ein Mittel gegen Ungerechtigkeit noch gegen Übersättigung sein. Aber wir dürfen ihn nicht richten; Heilige richtet man nicht, man verehrt sie.

Die Ermordung Gandhis darf nicht nur als ein politisches Verbrechen betrachtet werden; sein Mörder und die Gruppe, die ihn zu dieser Tat anstachelte, sahen in ihm nicht nur einen politischen Gegner, sondern einen Ketzer. Für die hinduistischen Nationalisten als die Erben des Hasses, den Tilak gegenüber dem Islam bekundete, waren Gandhis Häresien, die zu denunzieren sie nicht müde wurden – zum Beispiel seine blasphemische Interpretation der Lehre der Gītā, die die Gewalt nicht verurteilt, sondern sie als das *dharma* des Kriegers preist –, der Gipfel der Schande: nicht nur, daß er nicht imstande gewesen war, die Abspaltung Pakistans zu verhindern, sondern er war auch in einen Hungerstreik getreten mit der Forderung, daß das Gemetzel aufhöre und die aufgebrachten Hindus die von ihnen besetzten Moscheen in Delhi und an anderen Orten räumen. Tatsächlich hatte Gandhi 1938 erklärt: »Mein Hinduismus ist nicht sektiererisch. Ich beziehe all das mit ein, was meines Erachtens das Beste am Islam, am Christentum, am Buddhismus und am Zoroastrismus ist... Mein Leben lang habe ich für die Einigkeit zwischen Hindus und Muslimen gearbeitet. Es war schon die Leidenschaft meiner frühen Jugend. Unter meinen besten und nobelsten Freunden sind einige Muslime ...«

Der Anstifter zum Mord an Gandhi, ein gewisser N. V. Godse, war Stellvertreter und enger Mitarbeiter von V. D. Savarkar gewesen, einem Brahmanen aus Maharashtra, wie Tilak. Glühender Nationalist, zeichnete er sich von jung an durch die Radikalität seiner Ideen und Taten aus. Von 1906 bis 1910 lebte er in London, angeblich als Student der Rechte, in Wirklichkeit aber verschrieb er sich terroristischen Aktivitäten. Dort auch kam es 1909 zu einem Streit mit Gandhi. Von der britischen Polizei verfolgt, suchte Godse Zuflucht in Frankreich, doch ohne Erfolg. 1911 zu lebenslänglicher Haft in einer Strafanstalt auf den Andaman-Inseln verurteilt, wurde er 1927 unter der Auflage freigelassen, sich nicht politisch zu betätigen. Trotzdem nahm er zehn Jahre später seine öffentliche politische Tätigkeit an der Spitze der Hinduistischen Mahasabha-Partei (Vollversammlung der Hinduisten) wieder auf. Nach sieben Jahren mußte er aus gesundheitlichen Gründen auf den Vorsitz in dieser Partei verzichten. Obgleich er der geistige Anstifter zum Mord an Gandhi war, der von einem seiner Anhänger ausgeführt wurde, konnte man seine Beteiligung an dem Verbrechen nie nachweisen, und er mußte mangels Beweisen freigesprochen werden.

Savarkars Ideen waren die theoretische Grundlage für alle hinduistischen nationalistischen Bewegungen und sind heute Kern des Programms der einflußreichen Bhāratiya-Janata-Partei. Ein Buch von Savarkar, das zu einem Klassiker der hinduistischen Nationalisten geworden ist, gibt einen Abriß seiner Ideen: *Hindutva*. Dieses Wort ist schwer zu übersetzen; analog zu Hispanität, Negritude oder Mexikanität bedeutet es so etwas wie »Hinduität«: eben das, was für den Hindu charakteristisch und wesentlich ist. Für Savarkar bedeutet Hindu sein, »ein Mensch zu sein, der dieses Land vom Indus bis zum Ozean als sein Vaterland, aber auch als sein Heiliges Land betrachtet«.[1] Savarkar vermengt zwei ver-

1 Zur zeitgenössischen nationalistischen Bewegung siehe den ausgezeichneten Essay von Ashutosh Varsheney, »Battling the Past, Forging a Future? Ayodhya and Beyond«, in: *India Briefings*, eine Sammlung von Studien und Artikeln, hrsg. von Phillip Oldenberg, veröffentlicht von The Asia Society 1993.

schiedene Begriffe; der eine ist territorial, der andere religiös. Gleichwohl ist seine Vorstellung vom Hinduismus, wie er und seine Nachfolger sagen, eher kulturell denn religiös. Zum Beispiel »plädiert er für die Beseitigung der Schranken, welche die Kasten trennen, für den freien Zugang der Unberührbaren zu den Tempeln der Orthodoxen und für die Rekonversion von Hindus, die andere Religionen wie die islamische oder die christliche angenommen haben«.[1] Darin hat der nationalistische Hinduismus Ähnlichkeit mit dem Gandhis, da er eine religiöse Reform, mag diese auch sehr beschränkt sein, mit einschließt. Der wesentliche Unterschied besteht darin, daß der Hinduismus Gandhis offen ist und andere Religionen und Denkweisen mit einbegreift, während der Savarkars in sich geschlossen ist; um Hindu zu sein, genügt es nicht, in Indien geboren zu sein, sondern man muß auch an der hinduistischen Kultur teilhaben. Die Vorstellung der Nationalisten von der Kultur Indiens ist die einer verstümmelten Kultur, in der weder Akbar oder der Dichter Amir Khusrú vorkommen noch Monumente wie das Rote Fort in Delhi oder das Taj Mahal in Agra. Und die Sikhs und die großen buddhistischen Philosophen? Indien als Kultur und als Geschichte ist größer als der Hinduismus und umfaßt mehrere Traditionen, einige einheimische, wie den Buddhismus, die in andere Länder abgewandert sind, und fremde, wie den Islam, die in diesem Land Wurzeln gefaßt haben. Somit lebt der Hinduismus in ständigem Widerspruch: sein Begriff von der hinduistischen Kultur ist religiös; seine Vorstellung von der hinduistischen Religion impliziert ihre Verwandlung in ein politisches Credo. Die Verwandlung der Kultur in Religion endet mit der Verwandlung der Religion in Politik.

Wie alle Nationalismen ist auch der hinduistische eine politische Religion. Das heißt: eine politische Korruption der Reli-

1 Stephen N. Hay, op. cit.

gion. In der islamischen Tradition ist diese Konfusion häufig anzutreffen, sie ist sogar eins der – negativen – Merkmale der Geschichte der arabischen Zivilisation. Die drei großen Monotheismen – der judäische, der christliche und der islamische – eignen sich eher für diese Art von Verquickung: ein einziger Gott, ein einziges Gesetz und ein einziger Herr. Trotz seines Pluralismus und seines Synkretismus ist der hinduistische Nationalismus zu einem Zerrbild des Monotheismus geworden, denn er ersetzt seinen ursprünglichen Polytheismus durch die Anbetung eines ideologischen Gottes: der Nation. Es gibt mehr als eine Ähnlichkeit zwischen dem hinduistischen und dem islamischen Nationalismus. Das Fundament dieses letzteren ist religiös, es ist der Koran. Die Kritik am islamischen Nationalismus muß daher, in Pakistan ebenso wie in den anderen islamischen Ländern und Gemeinschaften, mit einer Kritik der Scharia (der sunnitischen Orthodoxie) beginnen, um zu unterscheiden, was in ihr lebendig und beständig ist und was lediglich durch äußere Umstände bedingt ist (die rein politischen Aspekte).[1] Solch eine Kritik ist ein gigantisches Unternehmen, das die hinduistischen und moslemischen Intellektuellen zudem in Zeiten durchführen müssen, die besonders ungünstig sind, nicht nur wegen des Wiederauflebens religiöser und nationalistischer Fanatismen in aller Welt, sondern auch weil es in diesen Kulturen keine moderne kritische Tradition gibt. Weder im Islam noch im Hinduismus gab es eine Renaissance gleich der europäischen, und damit auch keine Aufklärung.

Wir, die Spanier der Alten und der Neuen Welt, können in etwa ermessen, was die Abwesenheit einer kritischen Tradition bedeutet, denn unsere Schwierigkeiten, uns zu modernisieren, sind zum großen Teil der Schwäche des hispanischen Denkens

1 Siehe die scharfsinnigen Reflexionen von Akeel Bilgrami, »What is a Muslim? Fundamental Commitment and Cultural Identity«, in: *Critical Inquiry*, University of Chicago Press 1992.

im 18. Jh. zuzuschreiben. Ich möchte aber betonen, daß das Fehlen eines modernen kritischen Denkens nicht die Abwesenheit einer großen Literatur impliziert. Das zeitgenössische Lateinamerika zeugt davon, ein anderes Beispiel ist Rabīndranāth Tagore. Er war kein Denker, er war ein großer Künstler. Sein Werk und seine Person bildeten eine Brücke zwischen Indien und der Welt. Er wurde nicht nur von den Größen Europas, wie W. B. Yeats und André Gide, bewundert, sondern hatte auch zahlreiche begeisterte Leser in den hispanischen Ländern. Tagore besuchte Buenos Aires und befreundete sich mit Victoria Ocampo, der er einen Gedichtband widmete. Ein anderer großer Dichter, Juan Ramón Jiménez, übersetzte zusammen mit seiner Frau Zenobia Camprubí einen großen Teil seines Werkes. Diese Übersetzungen beeinflußten viele junge Dichter jener Jahre, unter ihnen Pablo Neruda. In einem seiner ersten Bücher, *Zwanzig Liebesgedichte und ein Lied der Verzweiflung*, ist bisweilen das Echo der Stimme Tagores zu vernehmen. Obgleich er sich nie wirklich politisch betätigte, war der Dichter ein leidenschaftlicher Verfechter der Unabhängigkeit Indiens und Verteidiger seiner Werte. (Sein Vater, Debendranāth Tagore, war eine der zentralen Gestalten der Renaissance der hinduistischen Kultur in Bengalen.) Zwischen Gandhi und Tagore kam es zu Spannungen wegen mancher Kritik des Dichters an dessen Politik, wie der Verurteilung *in toto* der westlichen Zivilisation oder dem Verbrennen ausländischer Kleidung und anderer Erzeugnisse (ich ziehe es vor, sagte Tagore, diese Kleidung denen zu geben, die nackt gehen). Diese Differenzen trübten jedoch nicht die Bewunderung, die sie füreinander hegten. Aber es ist nützlich, sich ihrer zu erinnern, denn die Dichter haben, obgleich sie für das Gegenteil berüchtigt sind, im allgemeinen Vernunft bewiesen, was man von den Heiligen nicht sagen kann. Das Gespräch zwischen dem Dichter und dem Heiligen ist schwierig, weil ersterer, bevor er spricht, die anderen hören muß, das heißt die Sprache, die allen und niemandem gehört; der Heilige hingegen spricht mit Gott oder mit sich selbst, was zwei Arten des Schweigens sind.

Nationalismus, Säkularismus, Demokratie

Die Kongreßpartei war immer pluralistisch, selbst in ihrer kämpferischsten Phase. Neben einem religiösen Menschen wie Gandhi gab es Agnostiker wie Nehru und Nationalisten wie Subhas Chandra Bose. Letzterer war wie einst Tilak sehr populär. Er ließ sich vom traditionellen Hinduismus leiten, aber wie die Radikalen der vorangehenden Generationen mengte er ihm ein explosives Ingrediens bei: den Nationalismus. Bose repräsentierte den aggressivsten und kämpferischsten Flügel der Kongreßpartei; seine Virulenz brachte ihn in die Nähe des Faschismus, und während des zweiten Weltkriegs kämpfte er an der Seite der Japaner. Er kam bei einem Flugzeugunglück in Taiwan ums Leben. Obgleich er aus dem offiziellen Pantheon der Republik ausgeschlossen ist, halten viele sein Andenken in Ehren; auf Jahrmärkten und anderen Volksfesten sieht man sein Foto an den Ständen, welche Nippsachen und Bilder von Filmstars und Göttern wie Vishṇu, Krishṇa, Shiva, Kālī oder Hanuman, dem Affengott, feilbieten.

Keiner dieser Revolutionäre hatte eine direkte Beziehung zu den internationalen sozialistischen Bewegungen. Die Ausnahme war M.N. Roy, ein weiterer Brahmane aus Bengalen. Sein eigentlicher Name war Narendranāth Bhattacharya (1887-1954). Wenn auch in Mexiko wenig bekannt, war eine Periode seines Lebens mit der politischen Geschichte unseres Landes eng verbunden. Sehr jung schloß er sich der radikalen nationalistischen Bewegung an; von der britischen Polizei verfolgt, suchte er Zuflucht in den Vereinigten Staaten, in Chicago; beim Eintritt dieses Landes in den Krieg fand er, wie viele nordamerikanische Pazifisten und Sozialisten, in Mexiko Asyl. Es waren die Jahre der mexikanischen Revolution, und Roy zögerte nicht, sich den radikalsten Gruppen anzuschließen. Er war maßgeblich an der Gründung der Kommunistischen Partei Mexikos beteiligt. Von seinem Talent und seinen Aktivitäten beeindruckt, lud Lenin ihn über Michail Borodin, kommunistischer Agent in Mexiko, ein, an der Dritten Internationale mitzuarbeiten. Versehen mit einem offiziellen, von der Regierung des Präsidenten Carranza ausgestellten Paß und unter dem Schutz mexikanischer Konsuln in verschiedenen Ländern, reiste er nach Moskau. Er arbeitete als Agent der Kommunistischen Internationale in Zentralasien und China. 1929 brach er mit der Komintern und ein paar Jahre später mit dem Marxismus. Er kehrte nach Indien zurück, kämpfte für die Unabhängigkeit und verbüßte eine lange Gefängnisstrafe. Während des zweiten Weltkriegs, sich der Bedrohung durch den Nazismus und den japanischen Imperialismus bewußt werdend, erklärte er sich zum Befürworter der Kollaboration mit England und den anderen demokratischen Nationen – im Gegensatz zu Gandhi und Nehru, die die Non-Cooperation erklärten. Überzeugt vom Scheitern des von Lenin und den Bolschewiken 1917 begründeten totalitären Systems, konzipierte er eine revolutionäre Antwort auf die Krise des Sozialismus: den »Radikalhumanismus«. Diese Antwort war unzulänglich, doch Roys Motive waren legitim. Sein Leben und Werk sind ein Beispiel für das Schicksal des revolutionären Intellektuellen im 20. Jh.[1]

Angesichts einer Gestalt wie Jawaharlal Nehru, der sich zum

1 Postum erschien ein Buch von ihm: *M. N. Roy's Memoirs*, Bombay 1964. Großen Raum im ersten Teil des Buches nehmen seine Jahre in Mexiko ein, in denen sich seine revolutionäre Einstellung zeigte. Die Schilderung der Intrigen und Komplizenschaften zwischen der Regierung Carranza und der deutschen Botschaft mitten im Krieg bestätigt, was man schon wußte: die Bemühungen der Deutschen, Mexiko als Basis gegen die Vereinigten Staaten zu benutzen, und die eher positive Einstellung der Regierung Carranza dazu.

Sozialisten erklärte, aber Führer einer nationalistischen Bewegung wie der Kongreßpartei war, ist es legitim, sich zu fragen: Was war seine wahre Ideologie? Er war Sozialist, denkt man an seine ersten politischen Aktivitäten, an seine Bemühungen, die Kongreßpartei mehr nach links zu führen, an seine Differenzen mit Gandhi und Sadar Vallabhbhai Patel sowie an seine öffentlichen Deklarationen und Reden. Doch trotz seines starken Interesses an der Entwicklung der internationalen Politik war der Schwerpunkt seiner Tätigkeit Indien und sein Hauptziel die Unabhängigkeit von der britischen Vormundschaft. Anfangs brachten ihn sein Rationalismus und sein Sozialismus in eine Gegenposition zu Gandhi, trotz seiner Bewunderung für diesen Mann, der es fertiggebracht hatte, Millionen für einen friedlichen Kreuzzug zu mobilisieren. Aber es beunruhigte ihn, daß die religiöse Gesinnung stark auf die politischen Ziele einwirken könnte. Indes erkannte er, daß dieser Weg erfolgversprechend war, und er wurde Mahatmas Mitarbeiter. Dank seiner Intelligenz und seines Einflusses bei den Aktivisten arrivierte Nehru schließlich zu seinem Stellvertreter, ohne damit seine geistige und politische Unabhängigkeit aufzugeben.

Einmal an der Macht, vermochte ihn seine sozialistische Einstellung nicht dazu zu bringen, auf gesellschaftlichem Gebiet wirklich revolutionäre Maßnahmen (die Verstaatlichung des Eigentums) zu ergreifen; dagegen verfolgte er eine rigorose interventionistische Politik. Gelegentlich sagte er: unsere Absicht ist nicht die Expropriation des Kapitals, sondern dessen soziale Kontrolle. Diese Politik konnte zudem mit der Unterstützung der indischen Großkapitalisten rechnen, sowohl weil sie nationalistisch war (sie bot Schutz vor der ausländischen Konkurrenz), als auch weil sie darauf abzielte, eine ökonomische Struktur zu schaffen, was die Kapitalisten allein nicht hätten bewerkstelligen können. Vergleichbares geschah in Mexiko während der postrevolutionären Periode. Der Dirigismus war zu dieser Zeit in Indien ebenso notwendig wie in Mexiko; später hatte er zur Folge, was diese Art Politik überall in der Welt zur Folge hat: fortschreitenden ökonomischen Zerfall mangels Konkurrenz, übermäßige Zunahme einer Bürokratie, die sich meistens nicht von ökonomischer Logik leiten läßt, sondern von politischen Interessen, Patrimonialismus und schließlich Korruption. Die direkten Nutznießer der dirigistischen Maßnahmen sind nicht die Arbeiter, sondern die Bürokraten.

So glänzend Nehrus internationale Politik begann, erwies sie sich schon bald als einseitig und illusorisch. Sein großer Plan, die Konstitution blockfreier Staaten, war eher der Sowjetunion dienlich als dem Frieden. Abgesehen davon, daß seine Hauptverbündeten – Tito, Nasser, Sukarno – nicht wirklich demokratisch waren, ließ sich die Regierung Nehru auf eine unkluge und naive Politik der Freundschaft mit dem Mao-Regime ein. Nehru konnte oder wollte das Schisma nicht sehen, das die kommunistischen Mächte entzweite, und durch seine Blindheit wurde er schließlich Opfer dieser Spaltung. Die demütigende chinesische Invasion an der Nordostgrenze Indiens, der sogenannten MacMahon-Linie, war in Wirklichkeit eine via Neu-Delhi an Moskau gerichtete Drohgebärde Pekings. Viele Jahre lang hatte Nehru auf die Freundschaft der Chinesen vertraut, und nun mußte er zusehen, wie diese sich mit Pakistan verbündeten. Angesichts des öffentlichen Aufschreis mußte Nehru seinen Verteidigungsminister Krishṇa Menon, Sprecher bei den Vereinten Nationen und in anderen Foren, fallenlassen. Menon war ein arroganter, aber intelligenter Mann, doch wie viele hochmütige Menschen war er nicht Herr seiner Ideen: er war von ihnen besessen. Nehru konnte sich vom Scheitern seiner internationalen Politik nie erholen. Gram verdüsterte seine letzten Jahre.

Die Beziehungen zu Pakistan sind immer kühl gewesen, sowohl während der Regierungszeit Nehrus als auch unter seinen Nachfolgern. Der Streit um Kaschmir hat nicht aufgehört, die

Atmosphäre zu vergiften. Die Mehrheit der Bevölkerung dort ist moslemisch; es gab eine Zeit, da sich eine Kompromißlösung abzeichnete: Kaschmir eine gewisse ökonomische und politische Autonomie zugestehen unter der Regierung des Sheiks Abdullah, eines alten Freunds Nehrus und Gegners des pakistanischen Regimes. Doch Nehru weigerte sich, diesem Vorschlag zuzustimmen, und sperrte Abdullah sogar ins Gefängnis. Eine ungerechte, unpolitische Entscheidung. Vielleicht befürchtete er, daß eine solche Konzession andere Regionen ermuntern könnte, gleiches zu fordern. Die Spaltung ist eine ständige Bedrohung Indiens. Und hier muß ich kurz auf die erste und schlimmste Bezug nehmen, auf die Abspaltung Pakistans, die nicht nur Gandhi das Leben kostete, sondern Hunderttausenden Hindus und Moslems.[1] Percival Spears Meinung nach ist der Fehler sowohl der Regierung des Vizekönigreichs als auch der von Gandhi gebilligten unnachgiebigen Haltung Nehrus anzulasten. Mit Ausbruch des zweiten Weltkrieges wurde Indien als Teil des britischen Empire automatisch eine kriegführende Nation. Hinzu kam, daß viele rechtmäßig gewählte Inder Regierungsmitglieder waren. Die Mehrheit gehörte der Kongreßpartei an, die die Wahlen eindeutig und mit großem Vorsprung gewonnen hatte. Es war ein wichtiger Schritt in Richtung Unabhängigkeit. Aber die Obrigkeit des Vizekönigreichs besaß nicht den Takt, die Bevölkerung und die Führer des Kongresses zu Rate zu ziehen. Ihrerseits forderten letztere eine formelle feierliche Erklärung, mit der Großbritannien sich verpflichtet, Indien als einem weiteren Staat des Commonwealth die Unabhängigkeit zu geben. Die Antwort Londons war vage. Nehru und seine Gruppe hielten das für bloße Taktik. Gandhi zögerte eine Weile, doch schließlich neigte er der Position Nehrus zu, und damit entschied sich der

1 Die genaue Zahl ist nicht bekannt, doch man schätzt, daß es eine halbe Million Tote gegeben hat. Siehe Percival Spear, *A History of India,* Bd. 2, Penguin Books, New York 1984.

Kongreß für die Politik der Non-Cooperation, wenngleich Gandhi sie in der Praxis abschwächte. Doch das genügte nicht, auch war es zu spät. Der Bruch war vollzogen, und viele Führer des Kongresses kamen ins Gefängnis. Die Moslemliga unter der Leitung des geschickten und kompetenten Mohammed Ali Jinnah nutzte die Gelegenheit, ihre Macht auszudehnen und mit dem Wohlwollen der Regierung des Vizekönigtums ihren Einfluß auf die Moslems zu verstärken. So wurde die Abspaltung Pakistans vorbereitet.

Als 1947 der Augenblick der Verhandlungen kam, zeigte Jinnah sich unbeugsam und forderte die Schaffung einer unabhängigen Nation, Pakistan (das Land der Reinen). Im ganzen Land, vor allem im Norden, kam es zwischen Hindus und Moslems zu Aufständen und zu Massakern. Die Unruhen hörten erst mit der Ermordung Gandhis im Januar 1948 auf. Die Teilung war unvermeidlich. Aber alle diese Zwischenfälle, zum Teil die Folge von Ungeschicklichkeit und Starrsinn, waren, wie die Scholastiker sagten, die causa efficiens der Teilung. Die tieferen Gründe sind älter und verquickt mit der Geschichte Indiens seit dem 13. Jh. Gelegentlich verglich Nehru Indien mit einem Palimpsest, in dem »übereinander viele Tatsachen, Ideen und Träume geschrieben stehen, ohne daß jene, die darunter stehen, völlig verdeckt sind«. Und so ist es: die Massaker von 1947 verdecken die tragische Geschichte der Beziehungen zwischen Hindus und Moslems nicht, sondern machen sie noch sichtbarer.

So wie bei ihren Vorläufern Ende des Jahrhunderts in Bengalen taucht auch bei den Führern des Kongresses eine gewisse Ambivalenz zwischen ihren demokratischen Ideen und ihrem tiefverwurzelten Hinduismus auf. Ihr politischer Nationalismus ist manchmal nicht zu unterscheiden von ihrem religiösen Eifer, wenngleich er nicht die abnormen Formen des Hinduismus von Savarkar und seinen Nachfolgern angenommen hat. Nehru ist die große Ausnahme. Sein Versuch, Indien zu modernisieren, was ihm zum Teil gelang, entsprach dem, was ihn als Mensch ausmachte. Anders als seine Vorgänger und Freunde war er kein Mensch, der sich im Zwiespalt zwischen zwei Traditionen befand, sondern sein Geist und seine Sensibilität litten unter dem fast immer tragischen Rätsel der Geschichte. Sein Zaudern war auf die Komplexität der Umstände zurückzuführen, nicht auf den Einfluß unvereinbarer Werte und Ideen. Er liebte Indien über alles, und deshalb verstand und akzeptierte er dessen Widersprüche, ohne sie jedoch zu teilen. Seine Vorliebe für die Zivilisation des Westens, ihren rationalistischen und sozialistischen Aspekt, war nicht von naivem Aberglauben gefärbt, und deshalb konnte er die Europäer als seinesgleichen betrachten. Sogar seine antiwestliche Politik war das Ergebnis seiner Jahre als Student in Harrow und Cambridge: dort lernte er nicht die Engländer, sondern den Imperialismus hassen.

Wie viele seiner Generation – unter ihnen einige der Besten – verstand er die wahre politische oder moralische Bedeutung des kommunistischen Totalitarismus nicht oder wollte sie nicht verstehen. Das war ein großer Fehler, für den er am Ende seines Lebens büßte. Aber man muß zugeben, daß Nehru im Jahrhundert von Hitler, Stalin und Mao ein zivilisierter Politiker war. Eine widersprüchliche Gestalt, wie seine Epoche selbst: als Aristokrat war er Sozialist; als Demokrat übte er eine Art friedliche Diktatur aus; als Agnostiker regierte er eine Unzahl Gläubiger; als Moralist scheute er zuweilen nicht davor zurück, dubiosen Plänen und Kompromissen zuzustimmen. Aber seine Fehler fallen kaum ins Gewicht gegenüber den positiven Aspekten seines Werks. Er war Gandhis Erbe, nicht sein Schüler. Auch setzte er dessen Politik nicht fort. Im Gegenteil führte er Indien in eine Richtung, die jener Gandhis entgegengesetzt war: in die Modernität. Nehru war der Gründer der Republik, und sein Erbe kann man in drei Worten zusammenfassen: Nationalismus, Säkularismus und Demokratie.

Die Modernität Indiens läßt sich ohne den Einfluß der englischen Kultur nicht erklären, so wie Nehru ohne seine Studienjahre in Cambridge rätselhaft bliebe. Vor allem der Nationalismus. Als Gefühl und geschichtliche Realität ist er so alt wie die Menschen: es gibt keine Gesellschaft, die sich nicht durch ein Land, durch bestimmte Sitten und Gebräuche und eine Sprache geeint fühlte; als Idee ist er eine Erfindung der Europäer. Er ist mithin eine Ideologie ebenso wie ein Gefühl, und wie alle Gefühle kann er altruistisch oder zerstörerisch sein. Auch grotesk. In Völkern wie denen Indiens oder Mexikos, die Kolonien gewesen sind und psychisch leiden, ist der Nationalismus manchmal aggressiv und tödlich, zuweilen aber auch komisch. Ich habe mexikanische Journalisten und sogar Historiker sagen hören, die Menschenopfer bei den Azteken und anderen mittelamerikanischen Völkern seien eine Lüge, eine Verleumdung durch die Spanier, um die Conquista zu rechtfertigen. In Indien entdeckt ein Professor, daß der Lingam ein astronomisches Zeichen sei, das das unwissende Volk, von den Europäern betrogen, zu einem phallischen Symbol gemacht habe. Vor Jahren las ich in einer weitverbreiteten, seriösen Zeitung Delhis, daß ein bekannter Politiker, Mitglied des Kongresses und ehemaliger Minister, an die Astrologie glaubte, »weil sie eine Wissenschaft ist«. Das überraschte mich nicht: kürzlich interpretierten mehrere mexikanische Anthropologen einige Reliefs mit Darstellungen kalendarischer Zeichen der Mayas, Zapoteken und Nahuas an der Pyramide von Xochicalco als Gedenktafeln einer »Tagung von Astronomen«. Die Astrologie zur Astronomie erhoben.

Weder die Inder noch die Mexikaner verleugnen ihre Vergangenheit: sie decken sie zu, übermalen sie. Es ist ein nicht ganz bewußter Prozeß, und daher seine Effizienz: er schützt gegen Kritik. Eine psychologische Impfung. In einer für Touristen bestimmten Broschüre werden die erotischen Skulpturen am Tempel von Konarak und Khajuraho als eine Art Propaganda bezeichnet, dazu bestimmt, in einer Epoche, da die Mode des Asketismus das Land zu entvölkern drohte, die eheliche Vereinigung zu stimulieren. Im Tantrismus ist der hinausgezögerte Koitus ohne Samenerguß ein Ritus, um Erleuchtung zu erlangen; ein moderner Interpret aber erklärt uns, daß es kein Ritus sei, sondern eine Methode der Geburtenkontrolle. Nehru hält im Parlament einen Vortrag über die Notwendigkeit, die moderne Wissenschaft und Technik zu assimilieren; ein Abgeordneter unterbricht ihn, um daran zu erinnern, daß sich die Hindus zur Zeit der Veden Apparaten bedienten, um den Weltraum zu erforschen. Und er schloß: »Ich beziehe mich auf eine historische Tatsache, die wissenschaftlich anerkannt ist, da die Purāṇas (heilige Bücher) davon berichten.« Die Wissenschaft genießt ein religiöses Prestige; es ist nur natürlich, daß man an die Religion als eine Wissenschaft glaubt. Als ich vor Jahren mit einem ausländischen Freund, der gerade nach Mexiko gekommen war, spazierenging, zeigte ich ihm eine unserer schönsten Avenuen, den Paseo de la Reforma. Er sah mich verwundert an und sagte: »Aber Mexiko ist doch ein katholisches Land ...« Ich mußte ihm erklären, daß für uns das Wort *reforma* nicht auf die Reformation Luthers und Calvins anspielt, die die Welt veränderte, sondern auf einige von Präsident Juárez im vergangenen Jahrhundert erlassene Gesetze. Und wie ihm klarmachen, daß der Ausdruck »Cultura de Occidente« in der Escuela Nacional de Antropología in Mexiko-Stadt nicht die Zivilisation Westeuropas bezeichnet, sondern eine eher primitive prähispanische Kultur im Nordwesten Mexikos?

All dies wäre amüsant, wäre es nicht auch erschreckend. Der Nationalismus ist kein heiterer Gott: er ist ein Moloch, der sich mit Blut vollsaugt. Im allgemeinen entstehen die Exzesse des Nationalismus durch den Kult, den seine Anhänger mit der Homogenität treiben; ein einziger Glaube und eine einzige Sprache für alle. Ein populärer kommerzieller Slogan bringt dieses Verlangen sehr gut zum Ausdruck: »Mexiko gibt es nicht zweimal!« In Indien aber gibt es verschiedene Nationalismen, und alle bekämpfen sich untereinander. Einer, der hinduistische Nationalismus, will die anderen beherrschen und seinem Gesetz unterwerfen, so wie Aurangzeb das vor über drei Jahrhunderten tat, nur umgekehrt. Ein anderer, in Kaschmir, will sich mit Pakistan, einem ihm feindseligen Staat, vereinen. Er vergißt die Erfahrung, die Bangladesh gemacht hat: Die Religion kann die Völker nur vereinen, wenn diese auch eine gemeinsame Sprache, Tradition und Geschichte haben. In Kaschmir ist das nicht der Fall. Andere, wie die Sikhs und die Tamilen, sind Separatisten. Die Moslems ihrerseits wollen sich verschiedenen Gesetzen entziehen, wenn diese zu den Geboten der Scharia im Widerspruch stehen. Eine geschiedene Moslemin bat um die Rente, die ihr das indische Gesetz zubilligte; der höchste Gerichtshof entschied zu ihren Gunsten, doch Rajiv Gandhi fürchtete, sich um das Votum der Moslems zu bringen, und mißachtete den Entscheid. Damit wurde ein Grundsatz des modernen Rechts, der in allen Demokratien gilt, verletzt: die Gleichheit vor dem Gesetz ohne Ansehen des Geschlechts, der Rasse oder Religion.

Wie kann man Front machen gegen alle diese Tendenzen, die mit einer Rückkehr ins 18. Jh. drohen, das Jahrhundert der indischen Anarchie und der unaufhörlichen Kriege? Die Antwort liegt im Säkularismus. Er begann 1858 mit der Proklamation der Königin Viktoria, die die Glaubensfreiheit garantierte. Diese Proklamation, durch die Führer des Kongresses ausformuliert, wurde in der Verfassung verankert und verkörperte sich in der Gestalt Nehrus. Die wenigen, aber klaren Grundsätze sind: keine Staatsreligion, Trennung zwischen weltlicher und kirchlicher Macht, Gleichheit vor dem Gesetz, Glaubensfreiheit, Respektierung der Minderheiten und der Rechte des einzelnen. Der Säkularismus ist nicht nur ein abstrakter juristischer Grundsatz: er ist konkrete Politik, deren Realität einer täglichen Prüfung unterzogen wird. Im Falle Indiens ist diese Realität verteufelt verworren: Die Verfassung räumt der Zentralgewalt weitreichende Vollmachten ein, um gegen die separatistischen Tendenzen anzugehen, doch kann der Gebrauch dieser Vollmachten zu Mißbrauch führen, der gewöhnlich das Gegenteil bewirkt. Dies war der Fall bei Indira Gandhi. Der Säkularismus impliziert Unparteilichkeit; doch kann Unparteilichkeit, für sich allein genommen, mit Schwäche verwechselt werden. Der wahre Säkularismus verlangt Takt: es gilt, Toleranz mit Stärke zu verbinden. Die Realisierung des Säkularismus hängt von zwei Bedingungen ab. Die erste ist die Gewaltenteilung, so daß die richterliche Gewalt einen Mißbrauch der Exekutive oder die oft parteilichen Beschlüsse der Legislative verhindern kann. Der Auftrag der richterlichen Gewalt ist die Achtung des Gesetzes – *the rule of law* –, ohne die es keine Gesellschaftsordnung gibt. Die zweite Bedingung ist die *Klugheit* des Regierenden. Für Aristoteles war dies die Kardinaltugend des Politikers. Im Mittelalter nannte man »klug« den guten König. Ohne Klugheit, woran es in den modernen Demokratien den Führern wie den Massen schmerzlich mangelt, ist eine gute Regierung unmöglich.

Eine Politik, die zugleich säkular und realistisch ist, muß in variablem Maße, je nach den Umständen, sowohl das Beispiel der westlichen Modernität als auch die Werte der Tradition berücksichtigen. Deshalb habe ich die beiden Bedingungen erwähnt, die ein effizienter Säkularismus braucht: die eine, moderne, ist die Gewaltenteilung, das demokratische Erbe; die andere, uralt, ist die Klugheit, die sich in der europäischen Tradition ebenso wie in der hinduistischen findet. Im traditionellen hinduistischen Denken ist die Gestalt des Königs, des Kriegers und des Tatmenschen untrennbar von der des Brahmanen, der die Weisheit und, in ihren sublimsten Äußerungen, die Beherrschung der Leidenschaften repräsentiert. Der kluge König ist derjenige, der seine

Leidenschaften beherrscht. Jean-Alphonse Bernard hat ganz klar gesehen, daß »das politische Problem Indiens, heute wie früher, nicht in dem unvermeidlichen Konflikt zwischen Tradition und Modernität, Autorität und Demokratie besteht, sondern in der übermäßigen Polarisierung der Macht an der Spitze«.[1] Tatsächlich war dies der Fall in der Regierung von Indira Gandhi und auch, unter anderen Gegebenheiten, in der Nehrus. Doch um den Konflikt besser zu verstehen, muß man die traditionelle Tendenz Indiens zum Separatismus und zur Zersplitterung berücksichtigen. Dieser Realität mußten sich sowohl die Maurya- und die Gupta-Dynastie als auch das Mogul-Reich und das British Empire stellen. Es ist die Geschichte eines zweitausendjährigen Kampfes zwischen dem Separatismus und dem Zentralismus.

Der Streit zwischen der Zentralgewalt und den Ortsbehörden kann nur durch die Verbindung von Modernität (Demokratie und Gewaltenteilung) und dem traditionellen Zentralismus beendet werden. Abgesehen von der Politik außergewöhnlicher Gestalten wie Ashōka und Akbar war die traditionelle politische Realität in Indien die despotische Macht. Die Originalität des Projekts der Nation, das das moderne Indien ist, besteht gerade in dem Plan, die Gefahr des Despotismus mit dem einzigen bekannten Mittel abzuwehren: der Demokratie. Gewiß kann auch die Demokratie tyrannisch sein, und die Diktatur der Mehrheit ist nicht weniger bedrückend als die einer Person oder einer Gruppe. Daher die Notwendigkeit der Gewaltenteilung und des Kontrollsystems. Aber die besten Gesetze der Welt sind nur tote Buchstaben, wenn der Machthaber ein Depot ist, ein Mensch, der andere beherrscht, weil er nicht imstande ist, sich selbst zu beherrschen. Ich wiederhole: eine realistische säkulare Politik verbindet die demokratische Modernität mit der alten und traditionellen Tugend der Klugheit.

1 Jean-Alphonse Bernard, *L'Indie, le pouvoir et la puissance*, Paris 1985.

Ein kurzer Blick auf die moderne Geschichte Indiens und Lateinamerikas wird uns helfen, die Verschiedenheit der politischen Entwicklung beider Regionen zu verstehen. Wenn man an das spanische Kolonialreich in Amerika denkt, überraschen die Größe des Territoriums und die Vielfalt von Völkern, die es umfaßte. Die riesigen Entfernungen, die Heterogenität der Bevölkerung und die Langsamkeit und Schwierigkeit jeder Art von Kommunikation waren kein Hindernis weder für eine im allgemeinen friedliebende Regierung noch für die Harmonie zwischen den verschiedenen Regionen. Anfang des 19. Jh. erhoben sich die Vizekönigreiche und die Provinzen, die zum spanischen Reich gehörten, gegen die Herrschaft Madrids. Im Unterschied zu Indien wurde aus dem Kampf ein langer Krieg. Daher tauchte nach der Unabhängigkeit ein Gremium, das Militär, auf, das politische Ambitionen hatte und entschlossen war, seine Ideen mit Gewalt durchzusetzen. Die Unabhängigkeitskriege wurden Pflanzschulen von Caudillos. Mit ihnen begann diese endemische Krankheit unserer Gesellschaften, der Militarismus, und seine Folgen waren Staatsstreiche, Aufstände, Bürgerkriege. Als wir uns von der spanischen Herrschaft befreiten, öffnete uns die Unabhängigkeit nicht die Tür zur Modernität, sondern die zur Vergangenheit. Die Caudillos kehrten zurück, das schreckliche dreifache Erbe von Arabern, Spaniern und Indios: der Sheik, der Machtprotz, der Kazike. Indien dagegen errang die Unabhängigkeit nicht durch einen bewaffneten Kampf, sondern mittels eines langen demokratischen Prozesses. So wurde vermieden, daß Caudillos auf den Plan traten, diese goldbetreßten Messiasse und revolutionären Cäsaren, die zunehmend in vielen Ländern Asiens, Afrikas und Lateinamerikas emporkamen.

Ich habe schon erwähnt, daß eines der Charakteristika der Geschichte Indiens die Abwesenheit eines umfassenden Staates war, der all die verschiedenen Völker mit ihren verschiedenen

Sprachen und Kulturen vereinigte. Das British Empire war, wie das spanische Reich in Amerika, die treibende Kraft der Vereinigung. Doch damit endet die Ähnlichkeit auch schon. Das englische Erbe war weder religiös noch künstlerisch, sondern juristisch und politisch. In diesem Erbe nimmt der Säkularismus eine zentrale Stelle ein. Zum Beispiel wäre der Übergang Indiens zur Unabhängigkeit unmöglich gewesen ohne die Unterstützung zweier säkularer Institutionen, die von den Engländern geschaffen, aber von Indern gebildet wurden: die Streitkräfte und der Civil Service. In Lateinamerika waren die Streitkräfte die Hauptakteure bei den zivilen Ausschreitungen; in Indien verteidigten sie die Ordnung und die Verfassung. Und was die Bürokratie angeht: Wir Mexikaner haben es noch nicht dahin gebracht, einen öffentlichen Dienst ähnlich dem in Europa und Japan zu schaffen.

Zwischen Säkularismus und Demokratie gibt es eine Verbindung. Ein demokratischer Staat, der nicht säkular ist, ist nicht wirklich demokratisch; ein säkularer Staat, der nicht demokratisch ist, ist eine Tyrannei. Säkularismus und Demokratie sind zwei einander ergänzende Aspekte des Erbes von Nehru. Der eine wie der andere haben seit seinem Tod schweren Schaden genommen, doch sie haben dem doppelten Angriff der politischen Korruption und des Nationalismus sowie Regionalismus standgehalten. Oft wird gesagt, daß in einem Land wie Indien mit seiner Bevölkerungsexplosion und seinen sozialen Problemen das Wesentliche nicht die Demokratie ist, sondern es sei vordringlicher, sich um die Wirtschaft und die Bedürfnisse des Volkes zu kümmern. Niemand kann leugnen – und noch weniger ein Mexikaner, da unser Land an ähnlichen Übeln leidet –, daß die Armut in Indien Dimensionen annimmt, die ebenso erschütternd wie empörend sind. Mit diesem Argument jedoch verschließt man die Augen vor den ebenso gewaltigen Fortschritten auf vielen Gebieten, wie der Landwirtschaft und gewissen Industriezweigen. Obgleich die Verleumdung der Demokratie seit dem

Zusammenbruch »sozialistischer« totalitärer Staaten nachgelassen hat, muß man ihr immer noch entgegentreten. Die Demokratie ist kein Hindernis für die Modernisierung und die wirtschaftliche und soziale Entwicklung, sie ist im Gegenteil vielleicht eine ihrer Voraussetzungen. Dort, wo Regierungen zu Zwangsmaßnahmen gegriffen haben, um die Wirtschaft anzukurbeln, waren die Resultate nach anfänglichen trügerischen Fortschritten desaströs. Und beraubt man die Arbeiter ihrer Grundrechte wie der Vereinsfreiheit und des Streikrechts, haben sie nichts außer ihrem minimalen Anteil am Sozialprodukt. Natürlich ist die Demokratie kein Universalmittel, das alle Leiden heilt und automatisch soziale Gerechtigkeit schafft. Sie ist keine Methode, um den wirtschaftlichen Fortschritt zu beschleunigen; sie ist ein Mittel, um zu vermeiden, daß dieser Fortschritt zu Lasten der Mehrheit geht. Sie ist kein Ansporn für die Produktion, sondern ein Instrument, um ein wenig Gerechtigkeit in unsere schreckliche Welt zu bringen.

Eine der Ursachen des sozialen und wirtschaftlichen Rückstands Indiens, wie auch Mexikos, ist die Bevölkerungsexplosion. Vielleicht ist es die gravierendste. Was Mexiko betrifft, habe ich dieses Thema in vielen Schriften behandelt, und ich möchte nicht wiederholen, was ich bei anderen Gelegenheiten gesagt habe. Außerdem beziehen sich meine Betrachtungen hier nicht auf dieses von vielen Autoren ausgiebig behandelte Thema, sondern auf das Paradoxon des indischen Staates – modern, säkular und demokratisch – angesichts zum großen Teil noch traditioneller Gesellschaften. Auf diesen Seiten habe ich mich mit den politischen und ideologischen Aspekten dieser Frage beschäftigt, aber ich muß, sei es nur nebenbei, noch einen anderen, ebenso entscheidenden Faktor anführen. Abgesehen von der Existenz einer zentralen Verwaltung, einer allgemeinen Rechtsordnung und einer das ganze Land umfassenden politischen Demokratie gibt es ein nationales Netz von Interessen, Aktivitäten und wechselseitigen Wirtschafts- und Handelsbeziehungen. Dieses Netz ist nicht weniger solide als die Politik. In ihrem Kampf gegen den Separatismus, insbesondere angesichts der Bedrohung, die heute das Wiederaufleben des militanten Hinduismus darstellt, gehen die nationalen wirtschaftlichen Interessen mit dem Säkularismus des Staates konform. Desgleichen das kulturelle Erbe, das ein pluralistisches ist, da es sowohl den Buddhisten Ashōka als auch den Moslem Akbar umfaßt, den Dichter Tagore ebenso wie Gandhi, den im blutbefleckten weißen Baumwollhemd.

Wir erleben heute, am Ende des Jahrhunderts, das Wiederaufleben von Leidenschaften, Glaubensanschauungen, Ideen und ethnischen und psychischen Realitäten, die schon begraben schienen. Die Wiederkehr des religiösen Eifers und des nationalen Fanatismus verbirgt eine ambivalente Bedeutung: Ist es die Rückkehr der Dämonen und Phantasmen, welche die Vernunft exorziert hatte, oder ist es die Entdeckung tiefer Wahrheiten und Wirklichkeiten, die von unseren stolzen intellektuellen Konstruktionen ignoriert wurden? Es ist nicht leicht, diese Frage zu beantworten. Man kann jedoch sagen, daß das weltweite Wiedererstarken des Nationalismus und des »Fundamentalismus« (warum sie nicht mit ihrem wahren Namen nennen: Fanatismen) zu einer Bedrohung des internationalen Friedens und der Integrität der Staaten geworden ist. Für Indien ist dies eine permanente tägliche Bedrohung. Ich habe schon darauf hingewiesen, daß das Gegenmittel ein doppeltes ist: Säkularismus und Demokratie. Die Aufgabe ist besonders schwierig, da sie ein delikates Gleichgewicht zwischen dem Föderalismus und dem Zentralismus erfordert. Glücklicherweise ist der hinduistische Fanatismus nur im Norden, in Mararashtra und in einigen Regionen Zentralindiens ausgeprägt, nicht jedoch im Süden. Ich glaube, die Heterogenität könnte dem Säkularismus vorteilhaft sein und sich gegen die Hegemoniebestrebungen des Hinduismus auswirken.

Natürlich kann man nicht voraussehen, welchen Lauf die Dinge in der Zukunft nehmen werden. In der Politik und in der Geschichte – wie vielleicht in allem – herrscht immer diese unbekannte Macht, welche die Alten Fortuna nannten. Ohne dies zu vergessen, muß ich hinzufügen, daß auf dem Gebiet der Psychologie wie auf dem der Politik die sicherste Methode, Konflikte zu lösen – mag sie auch die langsamste sein –, das Gespräch ist. Wenn wir mit unserem Gegner in einen Dialog treten, machen wir ihn zu unserem Gesprächspartner. Eben dies ist das Wesen der Demokratie. Sie zu bewahren impliziert das Festhalten an dem Projekt der Begründer des modernen Indien: einen Staat schaffen, der die Vielfalt von Völkern und Religionen umfaßt und sie nicht abschafft. Es ist eine Aufgabe, die Realitätssinn und Imagination erfordert. Auch Tatkraft. Jedes geschichtliche Werk gründet – ein schreckliches Gesetz – auf einem Opfer. Im Falle der indischen Demokratie auf dem Blut eines Gerechten, Mahātma Gandhis; wie auch auf dem Indiras, dem ihres Sohns Rajiv und dem unzähliger unschuldiger Opfer. Sie alle starben, damit eines Tages die Hindus, die Moslems, die Sikhs und all die anderen in Frieden miteinander reden können.

DAS VOLLE UND DAS LEERE

Die Apsara und die Yakshi

Die *apsara* und die *yakshi* sind in der hinduistischen Mythologie weibliche Wesen wie unsere Wald- und Baumnymphen. Die *apsaras* – »im Wasser sich tummelnd« – sind nach dem Rāmāyaṇa die »Töchter der Lust« und machen den »gemeinsamen Schatz der Götter« aus. Die *yakshis*, irdischer, werden mit dem Kult der Bäume in Verbindung gebracht, sie sind lasziv und werden oft in der buddhistischen Plastik dargestellt.

Obgleich ich auf den vorangehenden Seiten nur ein paar historische und politische Themen berührt habe, habe ich mich darüber mehr verbreitet als vorgesehen. Es blieb mir gar nichts anderes übrig: es sind Dinge, die uns alle angehen. Dennoch hätte ich es vorgezogen, über das zu schreiben, was ich liebe und fühle: Ich habe Indien nicht mit dem Kopf in mich aufgenommen, sondern mit den Augen, den Ohren und den anderen Sinnen. Ich habe von meiner Ankunft in Bombay eines Morgens vor vierzig Jahren erzählt: Immer noch atme ich die schwüle Luft, sehe und höre ich die Menschenmenge in den Straßen, erinnere ich mich an die leuchtenden Farben der Saris, an das Stimmengewirr, an mein Erstaunen vor dem Trimūrti in Elephanta. Auch habe ich nebenbei von der indischen Küche gesprochen; ihr verdanke ich eine erste kleine Initiation, durch die ich mehr über Indien erfahren habe als durch jede Abhandlung: Ich ahnte, daß das Geheimnis seiner Küche nicht in einer Mischung von Geschmäkkern besteht, sondern in einer Graduierung zugleich heftiger und subtiler Gegensätze und Verbindungen. Keine Aufeinanderfolge wie im Westen, sondern Verbindung. Es ist eine Logik, die fast alle indischen Schöpfungen leitet. Die Musik war für mich eine weitere, umfassendere und edlere Initiation; ich gestehe, daß ich in dieser Kunst, wie in vielen anderen Dingen, immer noch Novize bin. Ich sage das nicht ohne Kummer, obgleich die Musik viele Jahre lang meine ständige Begleiterin war. Ich habe ihr an unvergeßlichen Konzertabenden in den Parks von Delhi beim Säuseln des Windes in den Laubbäumen gelauscht; zuweilen auch habe ich sie in meinem Zimmer gleich einem gewundenen Fluß dahingleiten hören, abwechselnd dunkel und funkelnd. *Ragas*, die Selbstgespräche und Meditationen sind, gefühlvolle Melodien, die Kreise und Dreiecke in einen geistigen Raum zeichnen, eine Geometrie aus Tönen, die ein Zimmer in eine Quelle, einen Springbrunnen oder ein stilles Wasser verwandeln. Was ich von dieser Musik gelernt habe – außer dem Vergnügen, durch diese Galerien aus Echos und diese Gärten aus transparenten Bäumen zu gehen, wo die Töne denken und die Gedanken tanzen –, war etwas, das ich auch in der Poesie und im Denken gefunden habe: die Spannung zwischen dem Einen und der Leere, das ständige Hin und Her zwischen beiden.

Meine erste und nachhaltigste Entdeckung war die indische Plastik. Ich denke nicht nur an die Werke der großen Epochen – ich habe schon von dem tiefen Eindruck gesprochen, den die Skulpturen der Insel Elephanta auf mich gemacht haben –, sondern auch an solch kleine Wunderwerke wie die Gegenstände der Volkskunst, aus Ton, Metall oder Holz, an Klängen reich wie Vögel, phantastische Formen, unter den Händen eines anonymen Kunsthandwerkers entstanden. Die große indische Skulptur ist, wie die griechische und die römische, naturalistisch, und damit hat sie ihren Platz in einer ästhetischen Welt, zu der die Skulptur des alten Mexiko, das die schrecklichen Abstraktionen liebte, einen krassen Gegensatz bildet. In der Volkskunst jedoch konvergieren die indische und die mexikanische Sensibilität: Phantasie, Humor, grelle Farben und bizarre Formen. Die Welt des alltäglichen Heiligen und der Alltagspoesie. Die Liebe zu Dingen, die auch die Funktion von Talismanen, Gebrauchsgegenständen und Spielzeug haben, ist eine Seite der indischen Sensibilität; die andere ist der Hang zu Nomenklaturen und Aufzählungen, handle es sich um Formen, Geschmäcker und Empfindungen oder um Ideen und grammatikalische Figuren. Die Logik, die Grammatik, die Ästhetik und die Erotik koinzidieren in der Vorliebe für Kataloge und Klassifikationen. Die Abhandlungen über Erotik sind Diktionäre der Stellungen, Liebkosungen und Gefühle.

Und zugleich die Liebe zum Einen. Es ist kein Zufall, daß das indische Denken die Null entdeckt hat; und daß es sie zugleich als mathematischen Begriff und metaphysische Wirklichkeit gesehen hat.[1] Für Shaṅkara ist die Eins die Grenze des Denkbaren; für Nāgārjuna ist es die Leere. Zwischen der Eins und der Null – unablässiger Kampf und jähe Umarmung – entfaltet sich die Geschichte des indischen Denkens. Die große Frage nach der Wirklichkeit der Welt – was ist sie, wie ist sie? – umfaßt auch die Frage nach dem Ursprung: Was gab es am Anfang, gab es einen Anfang? In einer der schönsten Hymnen des *Rig Veda*, von einigen *Hymnen an die Schöpfung* genannt (10.129), versucht der Dichter sich vorzustellen, wie der Uranfang war, und fragt sich:

Es gab nichts, nicht einmal das Nichts,
es gab weder Luft noch hoch oben Himmel.

Was bedeckte den Kosmos, wo war es?
Wer regierte ihn? Gab es nur Wasser und Abgrund?

1 Auch das präkolumbische Mexiko kannte die Null, doch ihre Entdeckung hatte andere Folgen: sie figuriert lediglich beim Zählen, nicht in der religiösen Philosophie.

Es gab weder Tod noch Unsterblichkeit,
weder entflammte noch erlosch die Fackel des Tages und der Nacht.

Das Eine atmete ohne Luft, hielt sich aufrecht ohne Stütze.
Es gab nur das Eine, und es gab niemanden.

In der übernächsten Strophe steigt das Verlangen hinab, gräbt sich wie ein Saatkorn in das Eine, weckt es, und die Welt entsteht. Aber die Frage der zwei ersten Strophen – was gab es *vorher*? – wird nicht beantwortet. (Auch die moderne Physik hat darauf keine Antwort.) Erstes und bestürzendes Eingeständnis des Unwissens: dieses *vorher*, das den ursprünglichen Zustand bezeichnet, ist ein vorher vor allem vorher. Gleichwohl deutet die Hymne an, Plotin damit vorwegnehmend, daß das Eine vor dem Sein und dem Nichtsein, vor der Dualität ist. Und der Dichter kommentiert: »Die Weisen, die in ihren Seelen die Weisheit gesucht haben, wissen, daß das, was ist, und das, was nicht ist, Brüder sind.« Alles, was über das Sein und das Nichtsein gesagt werden kann, ist in dieser rätselhaften und sublimen Zeile gesagt.

Der idealistische Monismus errichtet seine großen Ideengebäude durch Eliminierung und sukzessive Negationen. Das Absolute, das Prinzip (Brahman), in dessen Schoß sich alle Gegensätze auflösen, »ist nicht dies noch das, noch jenes«. Kein Prädikat wird ihm gerecht, alle schränken es ein. Mit der gleichen Methode wurde der große Tempel von Ellora errichtet, der weiter nichts als ein aus einem Felsenberg gemeißelter Tempel ist; auch die Sanktuarien in Ajanta, Karli und anderen Orten sind riesige Felsenhöhlen. Ein doppeltes und grandioses Vorhaben: Hügel skulptieren, Ideengebäude auf einem Widerschein im Abgrund errichten. Es gibt eine absolute Übereinstimmung zwischen dem Denken der Hindus, ihrer Architektur und ihrer Plastik. Der Buddhismus war nicht weniger kühn gewesen. Seine Dialektik ist eine schwindelerregende Aufeinanderfolge von Begriffen, einer nach dem anderen vom Dolchmesser der Logik zerstört, bis wir jäh der Null gegenüberstehen: *shūnyatā*, die unsagbare wirkliche Unwirklichkeit der Leere. Alle diese Spekulationen haben ein Äquivalent – genauer: eine wahrnehmbare, körperliche Übersetzung – in der Plastik und in der Malerei. Nie habe ich Gestalten gesehen, die so irdisch waren wie die Stifterfiguren *(dampati)* an der Fassade des buddhistischen Tempels in Karli. Sie sind die Erde und das Wasser, das Älteste und das Jüngste, in Körper von Männern und Frauen verwandelt. Die irdischen und himmlischen Elemente nicht in der Rage des Zorns oder im Taumel der Freude – beides ist für die Sterblichen gefährlich –, sondern in einem Augenblick friedlicher Sinnlichkeit. Ein Augenblick, so lang wie ein Jahrhundert. Als ich diese nackten Paare sah, diese Sinnlichkeit ohne Grausamkeit, habe ich die Bedeutung des Wortes *Wohlwollen* verstanden. Diese lächelnden Riesenfiguren sind Verkörperungen des Einsilbers *Ja*, einer ungeheuren fleischlichen Bejahung des Lebens. Ein Ja so gewaltig wie die Dünung und die Berge. Indes bewachen diese Skulpturen – ein großes Paradoxon – den Tempel der Leere, den Altar der Null, das Heiligtum des *Nein*.

In der Anthologie der Sanskrit-Dichtung von Vidyakara[1] ist die große Mehrheit der Gedichte erotisch. Es ist nicht verwunderlich, daß ein buddhistischer Mönch die Auswahl getroffen hat. In den buddhistischen Tempeln ebenso wie in denen der Jainiten und Hinduisten gibt es eine Unmenge erotischer Figuren. Einige Tempel, wie die von Konarak und Khajurāho, können wie Handbücher sexueller Stellungen betrachtet werden. In Stein gemeißelte Kāmasūtras. Die Verbindung von Erotik und Reli-

1 Herausgegeben von D. D. Kosambi und V. V. Gokhala, *The Subhasitaratnakosa*, versammelt von Vidyakara, Bd. 42, Cambridge, Mass. 1957; übersetzt von Daniel H. Ingalls, *An Anthology of Sanskrit Court Poetry*, Bd. 44, Cambridge, Mass. 1965.

gion ist auch, wenngleich weniger stark und explizit als in Indien, ein Wesenszug der hispanischen Literatur des 16. und 17. Jh.; glühendste und strengste Religiosität vermischt mit exaltierter Sinnlichkeit. Ich brauche nur an die inbrünstige Erotik der Poesie von San Juan de la Cruz oder an die Prosa der Santa Teresa zu erinnern, wo es oft schwerfällt, zwischen der spirituellen Erfahrung und der physischen Empfindung zu unterscheiden. Und wie könnte man vergessen, daß Lope de Vega und Góngora Priester waren und Juana Inés de la Cruz eine Nonne? Viele Gedichte in der Anthologie Vidyakaras werden Dharmakīrti zugeschrieben. Als ich diesen Namen las, habe ich mir die Augen gerieben: Ist es möglich, daß der Autor dieser erotischen Gedichte der ernste buddhistische Logiker war? Professor Ingalls zerstreute meine Zweifel: es ist fast sicher, daß der leidenschaftliche, sinnliche und ironische Dichter und der Philosoph von scharfem Verstand und strenger Logik ein und dieselbe Person sind.

Ich führe den Fall Dharmakīrti an, weil er mir eins von vielen Beispielen für diese verblüffende Verbindung von Denken und Sinnlichkeit, Abstraktion und Sinnenlust zu sein scheint. Der Philosoph Dharmakīrti führt alle Beweisgründe ad absurdum; der Dichter Dharmakīrti führt beim Anblick eines Frauenkörpers seine Dialektik ad absurdum. Er lebte gegen Ende des 7. Jh. Er wurde in Trimalaya im Süden Indiens geboren und studierte wahrscheinlich in dem berühmten Kloster von Nalanda. Er hinterließ sieben logische Abhandlungen, verschiedene Kommentare zu den Sutras und eine Handvoll erotischer Gedichte. Dharmakīrti leugnete die Autorität der buddhistischen Schriften (nicht die Buddhas) und vertrat die Ansicht, daß der Mensch die Wirklichkeit zwar wahrnimmt, doch daß diese Wahrnehmung augenblicklich und unsagbar ist; mit den Bruchstücken dieser Wahrnehmung konstruiert der Geist phantomhafte Entitäten, die wir Vergangenheit und Zukunft, ich und du nennen. Unter seinen Gedichten gibt es eins, in dem er die Wahrheit der buddhistischen Lehre (nichts ist erschaffen worden) mittels eines Mädchens und seines Körpers beweist:

Beweis

Die Haut ist sonnengebräunter Safran,
gazellenhaft sind die verlangenden Augen.

– Dieser Gott, der sie geschaffen, wie konnte er dulden,
daß sie ihn gewähren ließ? War er blind?

– Nicht das Werk eines Blinden ist dieses Wunder:
es ist eine Frau und eine sich windende Pflanze.

Buddhas Lehre ist somit bewiesen:
nichts in dieser Welt wurde erschaffen.

Dharmakīrtis Gedicht könnte in der *Antologia palatina* stehen; es ist von der Perfektion und der Ökonomie eines Epigramms von Meleagros oder Philodemos. Es ist zugleich sinnlich, intellektuell und ironisch: es zwinkert dem Leser zu. Viele Gedichte der Anthologie von Vidyakara haben eine seltsame, aber unzweifelhafte Ähnlichkeit mit der alexandrinischen Poesie und mit ihren römischen Fortsetzern wie Catull. Auch mit der hellenistischen Skulptur: Rundungen und Muskeln, üppige Hüften und feste Brüste, breite männliche Schultern, Frauenarme und -schenkel, fähig, sich um einen anderen Körper zu schließen: Weinranken und Schlingpflanzen, die sich um eine Säule oder einen männlichen Torso winden. Körper, geschaffen für die feurigen Umarmungen der Liebe, eine wegen ihres unverhohlenen Lobs der physischen Lust sehr moderne Poesie.

Die andere Seite der Medaille: manierierte Poesie, die uns ermüdet, wie uns wiederholte Bankette ermüden. Was fehlt ihr?

Ich wage es zu sagen: Schweigen, Zurückhaltung. Die große Sanskrit-Poesie hat mit der griechischen und der lateinischen gemein die Eloquenz, den Adel und die Sinnlichkeit der Formen, das Ungestüm und die Erhabenheit der Leidenschaften, kurzum die Fülle der großen Kunst, doch wie ihre Schwestern vermag sie nicht zu schweigen. Sie weiß nicht um das Geheimnis der Chinesen und Japaner: die Andeutung, die indirekte Anspielung. Ihr höchster Wert ist die körperliche und geistige Schönheit in ihrer Harmonie. Ich gebe jedoch zu, daß meine Vorbehalte kaum ins Gewicht fallen: das Lesen dieser Gedichte ist eine Erfahrung der Klarheit. Ihre Sprache mag kompliziert sein, sie ist nie verworren; ihre Ideen sind begrenzt, doch sie sind klar und gut dargestellt; ihre Formen sind harmonisch und präzise. Es ist eine Poesie, die nicht um das weiß, was jenseits der Augen und der Vernunft ist, all dieses vom modernen Menschen entdeckte Unendliche und Unermeßliche, das uns umgibt. Dagegen erinnert diese Poesie uns daran, daß Sehen Denken ist, und versöhnt so die zwei höchsten Fähigkeiten des Menschen, das Sehen und das Verstehen.

Obgleich eines der bevorzugten Themen der Dichter der Sanskrit-Tradition die Sinnenlust, die leidenschaftliche Anziehung zwischen Männern und Frauen ist, sind ihre Gedichte oft eher witzig als leidenschaftlich. Vier Verse des Dichters Bhavakadevi sind dafür ein gutes Beispiel. Der Dichter lobpreist die weibliche Brust mit einem politischen und kriegerischen Bild. Die Brüste seiner Geliebten sind:

zwei verbrüderte Monarchen, gleich an Adel,
in gleicher Blickhöhe, Seite an Seite;
Herrscher großer Provinzen, die in Grenzkriegen
herausfordernde Härte angenommen ...

Die Verbindung des Erotischen mit dem Martialischen – »Liebeskämpfe und Schlachtfelder von Federn«, sagte Góngora – ist so alt wie die Poesie. Apollinaire hätte bei dem Bild von Bhavakadevi gelächelt, er, der zwei Brüste mit zwei Haubitzen verglich:

Deux fusants
Rose éclatement
Comme deux seins que l'on dégrafe
Tendent leur bouts insolemment ...

Die Neigung der Hindus, zu klassifizieren, katalogisieren und kategorisieren, zeigt sich auch in der Sanskrit-Poesie. Jeder Teil des weiblichen Körpers wird mit konventionellen Bildern und Ausdrücken beschrieben; ihre unermüdliche Wiederholung zwang die Dichter, die für eine Minderheit von Kennern schrieben, nach immer komplizierteren geistreichen Formulierungen zu suchen. Ich zitiere, fast aufs Geratewohl, einige dieser Metaphern und Vergleiche: Das Gesicht der geliebten Frau ist der Mond in seinen verschiedenen Phasen; ihr Atem der Frühlingshauch; ihre Augen zwei Fische; ihr Hals ein Turm, eine Säule, ein Schaft; ihre Brauen zwei Bögen, zwei Schlangen; ihre Anmut beim Gehen konnte die eines Elefanten sein oder der sanfte, im Laubwerk säuselnde Wind; ihre Brüste große ausladende Amphoren oder zwei durch eine Schlucht kaum getrennte Hügel; ihre Taille die der Wespe, eines Bäumchens oder einer Gazelle; ihre Hinterbacken mächtige Kugeln, fähig, das Universum zu tragen; ihre Scham ein bewaldeter, schwarzer Hügel ... Viele dieser Bilder tauchen auch in der abendländischen Poesie auf, wenn auch nicht mit derselben obsessiven Häufigkeit. Andere werden von unseren Dichtern kaum erwähnt. Daniel H. Ingalls schildert, wie die Dichter die Entwicklung des jungen Mädchens zur Frau beschrieben: »Die Taille wird schlanker, es erscheinen die drei Falten des Bauches (betrachtet als weibliches Schönheitsmerkmal), Hüften und Brüste entwickeln sich, und der *romavali* deutet sich an.« Ingalls erklärt: »Der *romavali* ist die vertikale Linie des Flaumhaars, das ein paar Fingerbreit unter dem Nabel ansetzt. Sichtbar nur bei einer hellhäutigen Frau mit tiefschwarzem Haar, wurde er als ein Zeichen von Schönheit betrachtet.« Ich füge hinzu, daß es auch ein Zeichen für die Geschlechtsreife der Frau ist:

Aufwärts, eine Linie kaum, steigt
zart schimmernd der romavali,
Stange der Fahne, welche die Liebe
auf ihrer neuen Zitadelle gehißt.

Diesen vier Versen aus der besagten Anthologie entsprechen ein paar Seiten weiter die folgenden fünf eines anonymen Dichters:

Der romavali, *kräftiger Sproß, trägt oben*
zwei Lotosblüten: ihre festen Brüste,
Haus zweier Bienen: ihre dunklen Knospen.
All diese Blumen verraten den verborgenen
Schatz unter dem Hügel der Scham.

Die Schönheit mancher Gedichte der klassischen Dichtung *(kāvyā)* gemahnt mich an Renaissancedichter wie Tasso. Sieg des vollkommenen Verses, der, geschaffen aus einer melodiösen Zeile, Skulptur und Bewegung geworden ist. Doch in den Sanskrit-Gedichten gibt es nicht dieses Gefühl, das sich häufig in der Poesie von Tasso und bei anderen Dichtern seiner Zeit findet: die Melancholie. Die indischen Gedichte haben dagegen eine besondere Note, die in der abendländischen Dichtung selten ist: die Weichheit, dieser Augenblick, in der die Form, ohne ihre Eleganz einzubüßen, zu schwanken scheint, Beute höchster Lust wird und schließlich in Wonne hinsinkt. Das Gedicht wird zum nackten, mit Juwelen geschmückten Körper und liegt besiegt da. Die Weichheit ist wie ein Fluidum, das strahlt und zersetzt. Zudem bewirkt sie eine Metamorphose: der männliche Körper, durch ein Übermaß an Lust ermattet, windet sich wie der eines Mädchens, und der weibliche Körper, angestachelt und vor Verlangen sich aufbäumend, stürzt sich auf seinen Partner wie ein Tiger. Die Transponierung macht den erotischen Kampf doppeldeutig: Krishṇa scheint manchmal eine junge Frau zu sein, und die grazile Pārvatī verwandelt sich unversehens in die schreckliche Durgā. In einer berühmten Gedichtsammlung, die Bilhaṇa (11. Jh.?) zugeschrieben wird, finden sich die folgenden Verse:

> *Noch heute erinn're ich mich ihrer goldenen Ohrringe,*
> *Kreise von Glanz, die leicht ihre Wangen berührten*
> *– welche Glut, wenn sie die Stellung wechselte –,*
> *während ihr Ritt, anfangs im Gleichmaß,*
> *dann ein Galopp, alle Schweißtropfen,*
> *die ihre Haut übersäten, in Perlen verwandelte.*[1]

Nichts ist diesen zweideutigen Spielen so fern wie die Malerei eines Giulio Romano, um einen Maler anzuführen, der ebenfalls in die körperliche Fülle verliebt ist. Die Zweideutigkeiten der Liebesspiele, die Kālidāsa, Amaru und andere Dichter beschreiben, sind nicht wirklich Perversionen im Sinne der prägenitalen Spiele Freuds. Und im Unterschied zu den griechisch-römischen Klassikern taucht Homosexualität in dieser dichterischen Tradition kaum auf. Auch gibt es weder den Begriff der Sünde noch das Bewußtsein, Normen zu verletzen. Dies ist der große Unterschied zur westlichen Erotik, die ein Komplex von Verstößen und Verletzungen ist. Bataille vertritt die Meinung, daß Erotik dem Wesen nach Überschreitung ist. Die hinduistische erotische Kunst widerlegt das; die Erotik ist kein Verhaltenskodex, sondern ein Fächer. Wenn er sich entfaltet, sich schließt und erneut entfaltet, zeigt er die ganze Skala der Lust. Doch die Erotik

1 *Poèmes d'un Voleur d'Amour.* Übersetzung aus dem Sanskrit ins Französische von Amina Okeda, Gallimard, Connaissance de l'Orient, Paris 1988.

ist weder eine Kunst noch eine Poesie, und sie kennt keinen Sadismus. Allerdings hat die Kratzwunde in der Erotik und der Poetik Indiens eine emblematische Funktion. Das *Kāmasūtra* zählt die verschiedenen körperlichen Male – Kratzwunden, Bißwunden – beim Liebesspiel auf und kodifiziert sie gewissenhaft. Um sich über den Unterschied zwischen der modernen erotischen Literatur des Westens und der hinduistischen klarzuwerden, genügt es, einen Text von Bataille mit den folgenden Versen von Kishitisa zu vergleichen, die durch ihr verbales und sinnliches Raffinement bemerkenswert sind:

Wann werde ich wieder deine festen, vollen Schenkel sehen,
die zum Schutz sich aneinanderpressen,
um dann, dem Verlangen gehorchend, sich zu öffnen,
und mir beim Fallen der Seide,
wie Siegellack auf einem verborgenen Schatz,
noch frisch, das Mal meiner Nägel enthüllen.

Morbidität ist in der westlichen Welt, sowohl in moralischer als auch in ästhetischer Hinsicht, immer als Laster betrachtet worden. Die alten Rhetoriker warnten die Dichter und die Redner vor der Gefahr des allzu befrachteten oder ornamentalen Stils, den sie *asiatisch* nannten. Diese Kritik scheint berechtigt, zumindest bei gewissen indischen Texten wie dem *Gīta Govinda*, dem berühmten Gedicht von Jayadeva (12. Jh.). Ich habe es wiederholt in verschiedenen englischen und französischen Versionen gelesen: nach anfänglichem Staunen war das Ergebnis stets Ermüdung und Überdruß. Schuld daran ist nicht nur die Morbidität, sondern auch der exzessive ästhetische Formalismus: ein Liebesgedicht (die ehebrecherische und heilige Liebschaft Rādhās mit dem Gott Krishṇa), bei dem eine Kunst strenger Vorschriften waltet. Die zu einem Ballett gewordene Leidenschaft. Ich bin mir darüber im klaren, daß mein strenges Urteil nicht bedingt ist durch das Gedicht, dessen Vollkommenheit unbestreitbar ist, sondern durch die Gattung, der es angehört. Es scheint mir der modernen Sensibilität so fern wie die Schäferromane des 16. und 17. Jh. (Cervantes machte sich über sie lustig, doch er schrieb selbst einen.) Das *Gīta Govinda* ist ein lyrisches und dramatisches Gedicht, das eine erotische und religiöse Geschichte in erzählenden Versen schildert, die sich abwechseln mit Tanzliedern, deren verschiedene Melodien *(ragas)* jeweils angegeben sind. Verbindung der Musik mit der lyrischen und dramatischen Dichtung. Es ist nicht verwunderlich, daß das Gedicht – und seine zahlreichen Nachahmungen – seinerseits ein Genre der Malerei hervorgebracht hat: die oft bewundernswerten Miniaturen, die die Liebschaft des Gottes mit der schönen Kuhhirtin illustrieren.

Die Struktur des Gedichts ist außerordentlich komplex, nicht nur wegen der ständigen Wechselbeziehung zwischen Musik und Wort, sondern auch wegen der Vielzahl der von Jayadeva verwendeten Metren und des häufigen Rückgriffs auf Alliterationen, Reime und Metaphern der klassischen Sanskrit-Dichtung. Es gibt bei Jayadeva, wie die Kenner sagen, mehr als nur einen Anklang an Kālidāsa. Jedoch taucht – neu in der Tradition der klassischen Dichtung, die für eine Minderheit geschrieben wurde – im *Gīta Govinda* ein volkstümliches Element auf. Diesem Element verdankt das Gedicht seine außerordentliche Popularität und die zahlreichen Nachahmungen. Diese Gattung erinnert mit ihrer formalen Perfektion an das italienische poetische Madrigal und an die von Monteverdi vertonten Gedichte Tassos. Doch das Madrigal ist kurz und rein lyrisch, während das lange Gedicht von Jayadeva an das Theater und an die Erzählung grenzt. Es ist ein lyrisches Drama. In der überaus suggestiven Studie, die ihrer ausgezeichneten Übertragung des *Gīta Govinda* vorangeht, sagt Barbara Stoler Miller, daß die Lieder mit ihrer komplexen rhythmischen Struktur »eine sinnlich wahrnehmbare Oberfläche verbaler Ornamentierung schaffen, die den Vergleich mit den skulptierten

Fassaden der Tempel von Bhubaneswar und Khajurāho nahelegt«.[1] Eine richtige Beobachtung: die Sanskrit-Poesie, sinnlich und tastbar zugleich, gemahnt an die Plastizität der Skulptur. Wie die Körper und die Formen der Statuen und Reliefs betrachten die Worte einander und berühren sich.

Das Gedicht von Jayadeva ist das letzte große Gedicht der Sanskrit-Tradition. Zugleich ist es der Beginn einer anderen Tradition in den einheimischen Sprachen. Ab dem 14. Jh. tauchen in Nordindien und in Bengalen mehrere Dichter auf, die ebenfalls die Liebschaft des Gottes mit der Kuhhirtin besingen und große religiöse Verehrung mit nicht minder großer Sinnlichkeit verbinden, verstärkt noch durch die Musik und Illustrationen. Unter diesen Dichtern, alle spontaner und direkter als Jayadeva, gibt es einige von außerordentlichem Talent wie Vidyāpati, Chandi Das, Mira Bai (eine Prinzessin und Dichterin) und Sur Das. Wir bewundern Jayadeva, doch einigen dieser Dichter gelingt, was er nicht vermag: sie bezaubern und erschüttern uns. Ich denke insbesondere an Vidyāpati und an Chandi Das.

Die Nachfolger Jayadevas in den Heimatsprachen, bemerkt W. G. Archer, folgen ihm nicht sklavisch. Einerseits ist ihr Thema nicht allein die vorübergehende Trennung der Liebenden Krishṇa und Rādhā, sondern ihre ganze Liebesgeschichte; andererseits »unterzogen sie alles, was zwischen den Liebenden vorfiel, einer genüßlichen Untersuchung«. Es ist nicht schwer zu verstehen, warum sich die Dichter, und mit ihnen das Publikum, bei der Untersuchung dieser Episoden so ergötzten: Bei dieser Liebesbeziehung tauchte ein affektives und subversives Element auf: Rādhā war verheiratet und von niederem Stand (sie hütete das Vieh des Dorfes), Krishṇa war ein Prinz und zugleich ein Gott. Subversion der gesellschaftlichen Ordnung und Aufhebung der Distanz zwischen den Menschen und den

1 *Love Song of the Dark Lord (Jayadeva's Gita Govinda)*, herausgegeben und übersetzt von Barbara Stoler Miller, Columbia University Press, New York 1977.

Göttern durch die Liebe. Viele dieser Geschichten bringen die Zuhörer zum Lachen, zum Beispiel wie Krishṇa, um sich bei Rādhā einzuschleichen, sich als Blumenverkäufer oder als Arzt verkleidet. Andere sind zweideutiger: es gibt eine Episode, da Krishṇa sich das Kleid Rādhās anzieht und diese das Gewand ihres göttlichen Geliebten. An anderer Stelle überrascht Krishṇa die im Fluß badende Rādhā. Ein unvergeßliches Bild ist das Erwachen des Verlangens: dieser Augenblick, da Rādhā mit Schrecken und Freuden die zwei steifen Spitzen ihrer Brüste unter ihrem Hemd entdeckt. Eine doppelte Überraschung: Krishṇa überrascht im Bade Rādhā, die überrascht ihren eigenen Körper entdeckt.

Keuschheit und Langlebigkeit

Die hinduistische Erotik ist sehr alt, und wie am *Kāmasūtra* und an anderen Texten zu sehen, weist sie Charakteristika auf, durch die sie sich sowohl von der arabischen und chinesischen als auch von der europäischen Erotik unterscheidet. Ich habe diesen Themen ein kleines Buch gewidmet, weshalb ich hier nicht darauf zurückkommen will.[1] Der Gegenpol der sexuellen Ausschweifung ist die Keuschheit. Mit unübertrefflicher Knappheit sagt der Dichter Bhartrihari (7. Jh.?):

Wozu all dies leere Geschwätz?
Nur zwei Welten lohnen die Hingabe eines Mannes:
die Jugend einer Frau mit üppigen Brüsten,
feurig vom Wein des heißen Verlangens,
oder der Wald des Einsiedlers.[2]

1 Siehe *Verbindungen – Trennungen*, Frankfurt am Main 1984.
2 *Bhartrihari: Poems.* Übersetzung von Barbara Stoler Miller, Columbia University Press, New York 1967.

Das Verlangen nach sexueller Lust oder das Verlangen nach Befreiung von der Kette der Seelenwanderung, wozu uns der Eremit im Wald oder in der Höhle eines Berges einlädt. Auch auf diesem Gebiet zeigt sich eine Divergenz zwischen hinduistischer und westlicher Tradition. Die Unterschiede zwischen der hinduistischen und der christlichen Askese sind noch stärker ausgeprägt als die erotischen. Das Schlüsselwort der westlichen Erotik – ich beziehe mich auf die moderne Erotik seit dem 18. Jh. – heißt Verletzung. Es ist eine Bejahung moralischer und psychologischer Art; das der Hindus heißt Lust. Desgleichen ist der zentrale Begriff in der christlichen Askese Erlösung; in der Indiens Befreiung. Diese zwei Begriffe beinhalten gegensätzliche Vorstellungen von der Welt und vom Jenseits, vom Körper und von der Seele. Beide weisen auf das hin, was man gemeinhin das »höchste Gut« nennt, doch da endet die Ähnlichkeit: Erlösung und Befreiung sind Wege, die vom selben Punkt ausgehen – der unglücklichen Conditio humana –, doch die zu entgegengesetzten Zielen führen. Um zu verstehen, worin diese Divergenz besteht, muß man zuerst definieren, welche Stellung die sexuelle Enthaltsamkeit in der ethischen und religiösen Tradition des Westens und in der Indiens einnimmt. Ihre Praktik ist dieselbe, doch ihre religiösen und philosophischen Grundlagen, ihre Bedeutung und ihre Ziele sind für den Hindu andere als für den Christen.

Die Ursprünge des christlichen Kults der Keuschheit finden sich weder im Alten Testament noch in den Evangelien, sondern in der griechischen Philosophie, vor allem der platonischen. Weder in der Genesis noch in den anderen Büchern des Alten Testaments wird der Körper oder die menschliche Natur verurteilt. Verurteilt werden der Ehebruch, der Inzest, die Onanie (Coitus interruptus), die Homosexualität und die Formen des Geschlechtsverkehrs, die die hebräische religiöse Ethik als abnorm und sogar als blasphemisch betrachtet. Es sind dies im allgemeinen orgiastische Praktiken, die sich zumeist von den Fruchtbarkeitskulten herleiten. Vom jüdischen Denken wurden sie daher als Rückfall in die Vielgötterei angesehen. Sie galten als religiöse Verirrungen, bedeuteten eine Rückkehr zum alten Götzendienst. Auch in den Evangelien findet sich keine Verurteilung des Körpers oder des Sexus. Dagegen wird in der griechischen philosophischen Tradition, welche die Kirchenväter und die Scholastiker sich zu eigen machten, der Körper ausdrücklich verdammt. Es ist dies eine natürliche Konsequenz der Konzeption des Menschen als eines Wesens, das aus Körper und Seele besteht, wobei ersterer vergänglich und dem Verderb preisgegeben ist, während letztere unsterblich ist. Die Idee einer vom Körper geschiedenen Seele ist, wie es scheint, nicht griechischen Ursprungs; sie war anderswo entstanden und ist zum Beispiel bei Homer nicht zu finden. Man begegnet ihr bei manchen Vorsokratikern wie Pythagoras und Empedokles; später greift Platon sie auf, sublimiert sie und bringt sie meisterlich und endgültig zum Ausdruck in einigen unvergeßlichen Passagen des *Phaidon* und des *Phaidros*. Noch im *Gastmahl* ist die Betrachtung des schönen Körpers eine Stufe auf der Leiter, um das höchste Gut zu schauen: die Gestalt, den Archetypus, die Idee. Im *Phaidon* erinnert sich die Seele, Gefangene ihres sterblichen Körpers, ihres früheren Lebens unter den anderen unsterblichen Seelen; in *Die Gesetze* wird der Körper verurteilt. Weniger rigoros als sein Lehrer dachte Aristoteles, daß das höchste Glück, nach dem der Weise streben kann, darin bestehe, frei von körperlichen Leidenschaften die Bewegung der Gestirne, das Bild der Ordnung des Universums zu betrachten. Mehr oder weniger ausgeprägt war dies auch die Einstellung der Stoiker, der Epikureer und selbst der Skeptiker: für die einen wie für die anderen war die Beherrschung des Körpers und seiner Leidenschaften der Weg zum wahren Glück. Plotin und seine Schüler trieben den platonischen Rigorismus aufs äußerste.

Das Christentum ist die Religion der Fleischwerdung Gottes und der Wiederauferstehung der Körper. Eine Doktrin, die für die Gnostiker ebenso skandalös ist wie für die Neuplatoniker. Augustinus macht darauf aufmerksam, daß der christliche Glaube nicht manichäisch ist. Gleichwohl haben die Theologen und die Kirche die Verurteilung des Körpers festgeschrieben. Selbst Philosophen wie Origenes priesen die platonische Verdammung. Es ist nicht schwer zu verstehen, warum die Kirche die negative Konzeption des Körpers übernommen hat, wenn auch mit gewissen entscheidenden Einschränkungen. Von Anfang an – das heißt, seit Paulus – gab es kein Zwiegespräch zwischen dem Christentum und dem heidnischen Polytheismus, aber mit der griechischen Philosophie, die ein einziges Prinzip postuliert und eine Metaphysik und eine Ethik ausgearbeitet hatte, die unvergleichlich reicher waren als die des jüdischen Monotheismus. Die Kirchenväter und ihre Nachfolger stellten sich einer kolossalen Herausforderung: Wie einen einzigen Gott und Schöpfer des Universums, der zugleich Person und unpersönliches Prinzip ist, erklären und *denken*, ohne auf Begriffe und Ideen der griechischen Philosophie zurückzugreifen? Anders gesagt: Wie auf den Gott des Christentums die Prädikate und die Attribute des »Unbewegten Bewegers« von Aristoteles oder des »All-Einen« von Plotin anwenden? Es mußte eine Brücke gebaut werden, die das Sein der Philosophie mit dem Gott der Evangelien verband. Dies war eine Aufgabe von Jahrhunderten, die erst viel später, von Thomas von Aquin, zu einem guten Ende geführt wurde. Gleiches geschah mit der Ethik der Stoiker und mit der notwendigen Unterscheidung zwischen der unsterblichen Seele und dem sterblichen Körper. Ohne diese Differenzierung wäre es nicht möglich gewesen, für die christliche Idee der Menschwerdung Gottes noch für die Erlösung durch Christus eine philosophische Grundlage zu finden. Wen erlöst Christus? Den Menschen, ein Geschöpf, dessen unsterbliche Seele durch die Erbsünde Schaden erlitten hat. Aber der Mensch besteht aus Körper und Seele. Deshalb war der Sieg des Platonismus nur ein partieller. Die Doktrin von der Wiederauferstehung der Körper verurteilt nicht das Fleisch: sie verklärt es, rettet es, verleiht ihm Unsterblichkeit.

Wahrscheinlich hätte das Christentum die pessimistische Sicht Platons nicht übernommen, stützte es sich nicht auf zwei Ideen, die, obgleich sie in der griechisch-römischen Tradition nicht auftauchen, das wahre Fundament der christlichen Einstellung gegenüber dem Körper sind: der Glaube an einen einzigen Gott, Schöpfer des Universums, und die Idee der Erbsünde. Diese beiden Ideen sind das Rückgrat des Judentums und des Christentums wie auch der Verbindungspunkt zwischen beiden. Wie die Genesis berichtet, erschafft Gott den Menschen aus dem Urschlamm und seine Gefährtin aus einer seiner Rippen. Eine materielle Schöpfung wie die des Bildhauers. Adam ist aus Lehm geschaffen und sagt von Eva, daß sie »Bein von meinem Bein und Fleisch von meinem Fleisch« ist, wie es in der Übersetzung von Luther heißt. Das erste göttliche Gebot ist »wachset und mehret euch«. Weit davon entfernt, den Körper zu verurteilen, verherrlicht Jehova die Zeugungskraft. Adam und Eva sind nicht wie die von Platon im *Timaios* beschriebenen Seelen, die aus dem Empyreum herabsteigen, die Himmel durchqueren, glücklichen und unheilvollen Einflüssen der Planeten ausgesetzt sind und sich in einem Leib verkörpern, welcher der Krankheit, dem Unfall, den Leidenschaften und dem Tod unterworfen ist. Nein, Adam und Eva sind Erde, die Fleisch geworden und beseelt ist von dem göttlichen Hauch. Ihre Sünde war nicht die geschlechtliche Vereinigung – es war ihre kosmische Pflicht, sich fortzupflanzen –, sondern der Ungehorsam.

Im Garten Eden gibt es zwei besondere Bäume, den Baum des Lebens und den der Erkenntnis. Die Frucht des ersteren ist Nahrung für die Unsterblichkeit, und solange Adam und Eva im Garten des Herrn leben, werden sie keinen Tod erleiden. Doch von dem anderen Baum, dem der Erkenntnis von Gut und Böse, zu essen, verbietet Gott dem Paar ausdrücklich. Ein seltsames Verbot, zumal es die Frucht des höchsten Wissens ist und derjenige, der sie ißt, Gott gleich sein wird. Jedenfalls ist es das, was die Schlange zu Eva sagt. Es gibt mehrere Deutungen dieser strittigen Passage (Genesis 3). Hat die Schlange Eva getäuscht? Falls ja, warum nennt Gott den Baum der Erkenntnis verhängnisvoll? Doch wie wir die Geschichte auch interpretieren, das Paar ißt die Frucht und wird aus dem Paradies vertrieben. Ihr Vergehen ist der Ungehorsam. Aber der Grund für dieses Vergehen ist etwas viel Schlimmeres: sie haben sich selbst Gott vorgezogen. Ihre Sünde ist es, Gott, ihren Schöpfer, nicht zu lieben, sondern sich selbst zu lieben und Götter sein zu wollen. Die Menschen sind frei wie die Engel, und wie diese machen sie von ihrer Freiheit einen schlechten Gebrauch: sie möchten göttlich werden. Sie ahmen Luzifer und seine Anhänger nach. In diese Konzeption paßt sich die Verurteilung der Liebe zum Körper ein. Das Christentum aber verurteilt nicht den Körper, sondern die Exzesse der Liebe zum Körper. Ausschließlich einen Körper lieben ist eine der Formen, in denen der Mensch sich selbst liebt und Gott und seine Mitmenschen vergißt. Die platonische Verurteilung des Körpers bestärkte die Idee der Erbsünde nur noch: die schuldhafte Vorliebe des Geschöpfes für sich selbst. Das wahre Idol des Menschen ist der Mensch selbst.

Vom Gesichtspunkt des hinduistischen Denkens aus ist die Geschichte der Genesis unsinnig. Von verschiedenen Inkohärenzen, wie dem zweideutigen Charakter des Baums der Erkenntnis, abgesehen, gibt es eine für die hinduistische Tradition schwer zu akzeptierende Idee: die eines Schöpfergottes. Die Frage nach dem Ursprung der Welt und der Menschen taucht im *Rig Veda* auf, aber die Antwort darauf ist, wie man gesehen hat, eine andere Frage. Im allgemeinen sagen die heiligen Bücher, das Universum sei das Resultat des Wirkens geheimnisvoller, unpersönlicher Gesetze. In einigen Texten heißt es, »daß die Zeit *(kāla)* oder das Verlangen *(kāma)*«, so etwas wie der kosmische Wille bei Schopenhauer, »die Kraft ist, welche die Welt bewegt«. Eine Strophe einer Hymne des *Atharva Veda* (19.53) sagt: »Kāla, die Zeit, schuf den Herrn der Geschöpfe, Prajāpati«, den Demiurgen.[1] Seit der Zeit der Veden konzipierte das religiöse Denken ein einziges Prinzip, das die *Upanishaden Brahman* (das Sein des Kosmos) nennen und das identisch ist mit *Ātman* (das Sein des Menschen). Jedoch folgerte man aus diesem Prinzip nie die Existenz eines Gottes als des Schöpfers der Welt und der Menschen. Das Göttliche, nicht der Göttliche, ist die schöpferische Kraft, die Matrix des Kosmos. Das Göttliche manifestiert sich in der Vielzahl von Göttern. Die Idee einer Erbsünde als Folge des ersten Ungehorsams, in der sich die schuldhafte Liebe des Menschen zu sich selbst und seine Gleichgültigkeit gegenüber dem Anderen und den anderen äußern, ist für die indische Tradition unverständlich. Das Universum wurde nicht geschaffen, und daher gibt es keinen Herrn und weder Gebot noch Ungehorsam.

Die indischen Götter besitzen, wie die der Griechen und Römer, eine starke Sexualität. Zu ihren Fähigkeiten zählt eine ungeheure Zeugungskraft, die sie dazu führt, sich mit jeder Art von Lebewesen zu paaren und unaufhörlich neue Individuen und Arten zu zeugen. Das Wirken des Universums wird zuweilen als eine immense göttliche Kopulation betrachtet. Die Mythologie besteht aus Geschichten von den Kämpfen und Paarungen der Götter, der Göttinnen und ihrer heldischen Nachkommenschaft. Der Gott der Bibel ist geschlechtslos, im Gegensatz zu

1 Siehe Franklin Edgerton, *The Beginnings of Indian Philosophy* (Sammlung von Texten des *Rig Veda, Atharva Veda, Upanishaden und Mahābhārata*), London 1965.

Zeus und Vishṇu, Venus und Aditi, die ständig auf der Suche nach einem Partner sind. In einer Tradition von Göttinnen und Göttern in ständiger sexueller Erregung kann man die geschlechtliche Liebe schwerlich verurteilen, es sei denn, die Philosophie unterzieht die Götter und die Mythologie, wie dies in Griechenland geschah, zuerst einer Kritik. Aber Indien hatte keinen Xenophanes. Die indische Philosophie war immer von der Religion abhängig; sie war eine Exegetik, keine Kritik. Und wenn sie mit der Religion brach, so um eine andere Religion zu schaffen: den Buddhismus. Zu den schöpferischen Kräften des Universums gehört, worauf die Texte immer wieder ausdrücklich hinweisen, das sexuelle Verlangen. Im *Atharva Veda* heißt es: »Kāma (das Verlangen) wurde zuerst geboren; weder die Götter noch die Verstorbenen und die Lebenden kamen ihm gleich: er ist allen überlegen und mächtig ...« (9.2) In einer anderen Hymne: »Das Verlangen regte sich am Anfang und war der erste Same des Denkens ...« (19.52) Den Körper und die menschliche Sexualität in einer Tradition wie der hinduistischen zu verurteilen hätte bedeutet, die Götter und Göttinnen, Agenzien der mächtigen kosmischen Sexualität, zu verurteilen. Demnach haben Keuschheit und Askese im Hinduismus einen anderen Ursprung.

Die sexuelle Lust ist ein Wert an sich. Für die Hinduisten ist sie eines der vier Ziele des Menschen. Abgesehen davon, daß sie eine kosmische Kraft ist, eins der Agenzien, welche die Welt bewegen, ist das Verlangen *(kāma)*, ähnlich dem Eros der Griechen, auch ein Gott, weil es in seiner reinsten und aktivsten Form heilige Energie ist, die die ganze Natur und die Menschen durchströmt. Diese Sicht der Sexualität als kosmischer Energie ist einer der Gründe, wahrscheinlich der älteste, für die sexuelle Abstinenz. Der Körper, wie die ganze Natur, ist Leben, das Leben hervorbringt: der Same befruchtet die Erde und das Sperma den Leib der Frau. Der menschliche Körper hortet Leben nicht nur:

er verwandelt seine Energie in Denken und das Denken in Macht. Die Keuschheit war anfangs eine Praktik, um Leben und Lebenskraft zu horten. Sie war ein Rezept für Langlebigkeit und, bei einigen, für Unsterblichkeit. Diese Idee ist eine der Grundlagen der Yoga-Philosophie und des Tantrismus. Auch ist sie zentraler Bestandteil des chinesischen Taoismus.[1] Das Leben ist Energie, physische und psychische Kraft: der Sexus ist Kraft und Zeugungskraft, die sich vervielfacht; der Körper ist eine Quelle von Sexualität und ebendarum von Energie. Den Samen *(bidu)* zurückzuhalten, ihn bei sich zu behalten und in psychische Energie zu verwandeln heißt sich große natürliche und übernatürliche Macht aneignen *(siddhi)*. Das gilt auch für die weiblichen Säfte *(rajas)* der Frau. Ein tantrischer Text sagt: »Der *bidu* ist Shiva, und die *rajas* sind Shakti (die Partnerin des Gottes), der Samen ist der Mond, und die *rajas* sind die Sonne...« Obgleich die Lust *(kāma)* eines der Ziele des Menschen ist, schlägt der Weise sie aus und wählt den Weg der Enthaltsamkeit und der einsamen Meditation. Die Lust ist erwünscht, aber endlich; sie errettet uns weder vom Tode, noch befreit sie uns von den wiederholten Inkarnationen. Die Keuschheit gibt uns die Kraft für den großen Kampf: die Kette der Seelenwanderung sprengen.

Kritik der Befreiung

Der traditionellen Ethik zufolge hat das menschliche Leben vier Ziele: *artha*, *kāma*, *dharma* und *moksha* (oder *mukti*). Das erste bezieht sich auf das praktische Leben, die Welt des Gewinns und Verlusts, des Erfolgs und des Scheiterns; das zweite, Beherrschung der Lust und des Sexuallebens, ist nicht vom Nutzen geleitet, sondern vom Verlangen; das dritte umfaßt das höhere Le-

1 Siehe *Verbindungen – Trennungen*, op. cit.

ben: die Pflicht, die Moral und die Prinzipien, die das Verhalten eines jeden gegenüber seiner Familie, seiner Kaste und der Gesellschaft regeln; das vierte besteht in der Befreiung von den Ketten der Existenz. *Moksha* bedeutet den Kreis der endlosen Seelenwanderung und Monotonie durchbrechen:

Birth, and copulation and death
That's all, that's all, that's all, that's all,
Birth, and copulation, and death.[1]

Alle vier Ziele sind legitim, auf der Wertskala rangiert die Lust vor dem Geschäft, die Pflicht vor der Lust, und die Befreiung vor den drei anderen. Derjenige, der Befreiung sucht, sieht in seinem Körper kein Hindernis, sondern ein Mittel. Selbst die einfachsten asketischen Praktiken bestehen in einer fortschreitenden Bezwingung des Körpers. Der Yogi will seine Seele nicht von seinem Körper trennen wie der platonische Mystiker, er will aus ihr eine Waffe der Befreiung machen. Genauer: ein Trampolin für den Salto mortale, durch den er ins Unbedingte gelangt. Die Askese grenzt in allen ihren Manifestationen einerseits an die Erotik und andererseits an die Athletik. Die Idee der Befreiung findet sich in den drei großen, in Indien entstandenen Religionen und in den drei Deszendenten der vedischen Religion: dem Hinduismus, dem Buddhismus und dem Jainismus. *Moksha* ist die heroische Antwort auf die unglückliche Conditio humana und deren Ursachen. Wie der Christ geht der Hindu vom Bewußtsein unseres Unglücks aus, aber für dessen Ursachen hat er eine andere Erklärung. Sie können in zwei Begriffen resümiert werden: *samsāra* und *karma*. Diese beiden Worte nehmen im indischen religiösen Denken dieselbe Stellung ein wie beim Christen die Erschaffung des Menschen und die Erbsünde. Die

1 T.S. Eliot, *Sweeney Agonistes*.

christliche Trias: Schöpfung, Erbsünde, Erlösung; die indische Trias: *samsāra, karma, moksha.*

Das sittliche Leben wird bestimmt vom *dharma* eines jeden, gemäß seiner Kaste und seinen persönlichen Eigenschaften. Es ist nicht einfach, das Wort *dharma* zu definieren: es ist virtus, in der griechisch-römischen Bedeutung (Tugend) ebenso wie in der modernen (Kraft), aber es ist auch Sittengesetz, rechtes Verhalten und göttlicher Kodex. Für die Buddhisten ist *dharma* die Lehre selbst und umfaßt damit ein über die Maßen großes Gebiet, denn es beinhaltet nicht nur die verschiedenen Formen des Buddhismus (der sich in Hīnayāna, Mahāyāna und Tantra gliedert), sondern auch die kanonischen Texte in verschiedenen Sprachen: Pāli, Sanskrit, Chinesisch, Tibetisch etc. Gleichwohl ist der Begriff nicht ungenau, denn es gibt einen Kern von Glaubensanschauungen, der allen Richtungen gemeinsam ist und das Wesen des Buddhismus ausmacht.[1] *Dharma* ist somit Doktrin, Lebensideal, Moralkodex sowie Redlichkeit im Handeln und im Denken. In seinem erhabensten und reinsten Ausdruck, wie Krishṇa das in der *Bhagavad Gītā* Arjuna erklärt, ist *dharma* die Tat, die wir vollbringen, weil es unsere Pflicht ist, ohne dabei auf irgendeinen Vorteil bedacht zu sein. Gewissermaßen ist es eine Version des Kantschen »kategorischen Imperativs«. Aber die Erfüllung des *dharma* vermag uns nicht das wahre Glück zu bringen, nämlich die Befreiung von den Fesseln, die uns an eine Existenz binden, die zum Tode führt und zu einer unvermeidlichen Wiedergeburt, um erneut zu sterben. Das *dharma* hält das Kreisen des Rades der Seelenwanderung nicht an.

Der Glaube an die Seelenwanderung ist eine der Grundvoraussetzungen des religiösen indischen Denkens; er ist dem Hinduismus, dem Buddhismus und dem Jainismus gemeinsam. Es

1 Für viele buddhistische Schulen, insbesondere für die Mādhyamika-Richtung, sind die *dharmas* auch die letzten Begründer der Wirklichkeit.

handelt sich um keine streng rationale Idee, sondern um einen Glaubenssatz. Trotzdem wird die Reinkarnation als eine Tatsache betrachtet, die niemand in Zweifel zieht. *Samsāra* umfaßt alle Lebewesen, von den Larven bis zu den Göttern. Aber was bewegt das Rad der Seelenwanderung? Ein Text der buddhistischen Schriften sagt: »Jedes Sein ist mit *samsāra* verkettet, und einen jeden führt sein *karma* über sich hinaus.«[1] Das heißt, sein *karma* bedingt seine Wiedergeburt. Karma bedeutet Tat, aber auch und vor allem impliziert es die Folgen unserer Taten. Wir sind nicht Kinder unserer Eltern, sondern desjenigen oder derjenigen, die wir in früheren Leben waren. Die Hindus sprechen vom »karmischen Gesetz« und die Buddhisten von der »Kette der Ursachen«. Die Idee ist klar: jeder Tat geht, wie bei allem in der Welt, zwangsläufig eine Ursache voraus. Somit bedeutet *karma* die Wirkung einer jeden Tat auf denjenigen, der sie vollbringt, sei es in diesem Leben, im vergangenen oder im künftigen. Auch diesen Glauben haben die drei Religionen gemeinsam. Er ist eine der vier heiligen Wahrheiten des Buddhismus. In der Predigt von Sārnāth »brachte Buddha das Rad des Gesetzes in Bewegung«, das heißt, er legte die Lehre dar und resümierte sie in vier Wahrheiten. Die erste ist die Wahrheit des Schmerzes und des menschlichen Unglücks *(duḥkha)*: »Geboren werden ist Schmerz, alt werden ist Schmerz, Krankheit ist Schmerz, Sterben ist Schmerz ...« Die zweite Wahrheit: »Ursprung des Schmerzes ist das Verlangen, das zur Wiedergeburt führt, das aufgeht in der Lust und der Leidenschaft, das das Leben zu verlängern sucht und sich nach der Macht sehnt ...« Die dritte Wahrheit: »Auslöschung des Schmerzes durch Auslöschung des Verlangens ...« Die vierte Wahrheit besteht darin, das Rad des *samsāra* anzuhalten durch Auslöschung des Verlan-

1 Saṁyutta-Nikāya I, 38, in: *Buddhist Texts*, herausgegeben von E. Conze, I.B. Horner, D. Snellgrove und Arthur Waley, London 1954.

gens auf dem achtfachen Weg, der zur Befreiung und ins Nirvāṇa führt.

Befreiung heißt nicht Erlösung im christlichen Sinne. Es gibt keine Seele oder Person zu retten. Der Befreite hat sich von der Illusion des Ich befreit, sein Sein ist das Sein. Befreiung bedeutet nicht, im Himmelreich wiedergeboren zu werden, sondern das doppelte Verhängnis auszumerzen, das uns an diese Welt und ihren unsinnigen Kreislauf bindet: *moksha* befreit uns von der Last des *karma*, das das Rad des *samsāra* bewegt. Befreiung kann man in diesem Leben (*jīvanmukta*: befreit im Leben) oder im nächsten erreichen. Der Befreite bricht mit der Existenz in der Zeit und dringt ins Unbedingte ein. So erfährt er die Unsterblichkeit, wenngleich nicht die Dauer: *moksha* hebt den Unterschied zwischen gestern, heute und morgen, zwischen hier und dort auf. Der Befreite lebt in einer ewigen Gegenwart und bewohnt einen Ort, der überall und nirgends ist. Für ihn ist immer jetzt und hier. Alles beginnt mit einem freien Akt: dem Entsagen der Welt; und dieser negativen Entscheidung muß eine positive, tägliche und hartnäckige Tätigkeit folgen. Ein paradoxes Unternehmen, denn es ist eine Aktivität, um einen Zustand der Inaktivität zu erreichen. Auf der Suche nach Ruhe ist der Körper gezwungen, die physiologischen Gesetze zu verletzen, und der Geist, das Unmögliche zu erreichen: zu denken ohne Gedanken. Eine ständige gegenseitige Durchdringung des Geistigen und des Körperlichen, vom Gedanken sich angerührt zu fühlen und vom Tasten und Sehen gedacht zu werden, die reglose Bewegung einer einsamen Meditation, die unaufhörlich eben das, woran sie sinnend webt, wieder zunichte macht, bis ein Zustand unbeschreiblicher Glückseligkeit erlangt wird: *ānanda*.

Moksha bedeutet Erkenntnis und Praktik. Im ersten Fall ist es ein Kennen. Nicht in der modernen Bedeutung von Wissen, das sich im allgemeinen auf eine Information über dieses oder jenes reduziert, sondern in der älteren Bedeutung, das heißt, die Wahrheit *verwirklichen*, sie wirklich und wirksam machen, sie leben und mit ihr verschmelzen. Deshalb ist *moksha* Selbsterkenntnis. Um sich selbst zu erkennen, praktiziert das Subjekt die Introspektion, während die Kritik Unnötiges eliminiert: das *karma* und was ihm anhaftet, wie Vorlieben, Widerwille, Sehnsüchte, Gemütsbewegungen, das Ich, persönliches Bewußtsein. So entdeckt das Subjekt, daß sein wahres Sein ein anderes ist. Dieses Sein hat, je nach den Schulen und Religionen, verschiedene Namen: *ātman, sat, purusha.* Auch Leere: Es ist weder ein Ich noch ein Du, noch ein Er. Es ist kein Name und kein Pronomen. Es hat kein Gewicht, keine Größe, kein Alter, keinen Geschmack. Es ist, weiter nichts ... Als Praktik ist *moksha* eine Askese, eng verbunden mit dem Yoga und seinen Disziplinen. Der Yoga prägt alle Religionen und Philosophien des alten Indien. Wahrscheinlich ist er früheren Datums als die Ankunft der arischen Stämme auf dem Subkontinent, auch ist er eine außerordentlich komplexe und subtile Ausarbeitung prähistorischer schamanischer Rituale und Glaubensüberzeugungen. Ziel des Yoga ist die Kontrolle des Körpers und des Bewußtseins. Seine Praktik ist daher nicht zu trennen von der Idee der Macht *(siddhi)* und ist von Magie geprägt. Ich wiederhole: Als Archaismus und Subtilität, Erkenntnis und Praktik ist *moksha* ein paradoxer Zustand, zugleich negativ und positiv. Negativ, weil er eine Befreiung von den Banden ist, die uns an die Welt und die Zeit fesseln; positiv, weil das Unbedingte die Glückseligkeit ist. Shaṅkara sagt: »*Moksha* ist ewig, da es keine Wandlung erfährt ... es ist allgegenwärtig wie die von Veränderungen freie Luft, es ist sich selbst genug und setzt sich nicht aus Teilen zusammen: es ist Eins ... es ist Brahman (das Sein).«

Die Befreiung ist das Werk einzelner, und auch der Genuß der Glückseligkeit ist einsam. In keinem der großen indischen Texte, die dieses Thema behandeln, tauchen die anderen auf. Dies ist einer der großen Unterschiede zum Christentum und auch, wiewohl in geringerem Maße, zur griechischen Philosophie. Das Interesse der alten Inder galt, wie das Denken von Kauṭilya zeigt, der Wissenschaft und der Kunst der Politik, doch zentrierte es sich auf die Macht, wie sie erlangen und wie sie behalten. Die Idee einer gerechten Gesellschaft ist in der hinduistischen philosophischen Tradition nicht zu finden. Man wird sagen, daß ihre Stelle die Konzeption des *dharma* einnimmt. Ich bin nicht dieser Meinung: das *dharma* ist eine Ethik, keine Politik. Der Unterschied zum christlichen Hauptziel ist noch größer und radikaler: erlöst werden heißt für den Christen, ins Himmelreich zu kommen. Ein Reich ist ein Kollektiv, und den Himmel bildet eine Gesellschaft von Seligen und Heiligen. Das Gegenteil vom befreiten einzelnen. Mit einer Ausnahme, auf die ich noch zu sprechen komme, preisen die hinduistischen Texte, im Gegensatz zu den Griechen, Römern und Chinesen, auch nicht die Tätigkeit des Staatsbürgers. Das Denken von Konfuzius ist wesentlich politisch. Platon und Aristoteles schrieben Bücher über Politik, und beide sahen in der Tätigkeit der Staatsbürger einen der vortrefflichsten Wege der Tugend und der Weisheit. Natürlich glaubten sie nicht, daß die Politik der Weg zur Weisheit sei; eher dachten sie, daß die Herabkunft der Weisheit auf den Staat und ihre Verwandlung in Aktion das Wesen der Politik sei. Im Christentum ist die Politik von Religiosität durchtränkt, das heißt, mit einem Wort, von Nächstenliebe. Von Anfang an konzipierte und schuf das christliche Denken in seinem Dialog mit dem Imperium Romanum und später, im Mittelalter, mit den weltlichen Orden politische Systeme, die der Hinduismus und der Buddhismus nicht kannten. Der Unterschied zu China ist noch gravierender. Daher die Entrüstung vieler chinesischer Gelehrter angesichts der Verbreitung des Buddhismus in ihrem Land.

Es ist evident, daß zwischen dem kontemplativen Leben des Mönchs oder des Philosophen und dem aktiven Leben des Politikers ein Gegensatz besteht. Jedoch hat man in unserer philosophischen Tradition – sei es der des Altertums, der christlichen oder der modernen – immer nach Brücken zwischen der Aktion und der Kontemplation gesucht. Gleiches geschah in China ... Bleibt hinzuzufügen, daß Plotin am Schluß der *Enneaden*, als von der höchsten Anschauung des Einen die Rede ist, sagt, daß »der Selige sich von den Dingen hienieden befreit und einsam den Flug unternimmt zum Einsamen« (*Enneaden*, 9.79). Der Einsame entdeckt bei der Betrachtung des Einen, daß er es selbst ist: derjenige, der betrachtet, sieht sich in dem Betrachteten. Darin besteht der große Unterschied des Christentums zu den heidnischen Philosophien. In diesen letzteren gibt es im Zwiegespräch zwischen dem Menschen und dem Absoluten keinen Platz für die anderen Menschen. Aber ist es wirklich ein Zwiegespräch? Das Sein des griechischen Philosophen ist sich selbst genug: es hört die Menschen, aber es antwortet ihnen nicht; es wird von ihnen betrachtet, aber es sieht sie nicht. Weder das Eine noch die ewigen Formen, noch der »unbewegte Beweger« sind Bilder der Erlösung. Das Altertum kennt weder einen Erretter noch einen Erlöser. Das Sein schauen und erkennen war für den Griechen und den Römer das höchste Glück: eine sublimierte Erfahrung, jedoch ohne Wechselseitigkeit. Mit einer Ausnahme ist in der Tradition Indiens das gleiche der Fall: Brahmā, Sat und die anderen Wesen lassen sich lieben ohne Gegenliebe. Und Buddha? Er ist kein Gott, der Fleisch wird, um die Menschen zu erretten: er ist ein Mensch, der darauf verzichtet, Gott zu sein, um den Menschen den Weg zur einsamen Befreiung zu zeigen.

Der unsolidarische Charakter der Befreiung kennt auch Ausnahmen. Der ursprüngliche Buddhismus (Hīnayāna) hat den Arhat verehrt, einen Weisen oder Heiligen (für die Tradition ist es dasselbe), der die Erleuchtung oder das Nirvāṇa erlangt hat. Er ist frei von der Kette des *karma*: er ist ein Unbedingter. Der Arhat ist ein Einsamer. Der Mahāyāna-Buddhismus brachte die Bodhisattvas hervor, Wesen, die vorübergehend auf den Glückszustand eines Buddhas verzichten, um den lebenden Geschöpfen auf ihrem langen Weg zur Erleuchtung zu helfen. Die Bodhisattvas sind weder Götter noch, strenggenommen, Menschen, obgleich sie es in früheren Leben waren. Sie sind Wesen, deren Natur die Leere ist. Das heißt: sie sind Nicht-Wesen. Ihre Wirklichkeit ist paradox und unsagbar. Sie sind Befreite, die auf das Nirvāṇa verzichtet haben, doch sie erfreuen sich der hellseherischen Fähigkeit desjenigen, der es erlangt hat. Die Bodhisattvas vereinigen in sich zwei Tugenden, die der Buddhist Conze mit gewisser Berechtigung widersprüchlich nennt: die Weisheit *(prajñā)* und das Mitleid *(karuṇa)*. Bezüglich des ersteren sind sie Buddhas, doch ihr endloses Mitleid hat ihr endgültiges Erwachen hinausgezögert. Der Stand des Bodhisattvas kann auf dem Wege der einsamen Weisheit erreicht werden. Ihrerseits öffnet die Weisheit die Türen zum Mitleid. Weisheit ist der Ursprung des Mitleids, nicht umgekehrt. Der Buddhismus verherrlicht nicht die »Armen im Geiste«. Um das Nirvāṇa zu erreichen, genügt es nicht, gute Werke zu tun: man muß darüber hinaus zur Erkenntnis gelangen. Was zählt, ist die Erfahrung der Wahrheit, in der Wahrheit zu *sein*. Wie die hinduistische Befreiung ist auch die buddhistische Erleuchtung eine einsame Erfahrung. Gewiß, die Bodhisattvas könnte man als Erretter bezeichnen, als Wesen, die wie unsere Heiligen immer bereit sind, den einfachen Sterblichen zu helfen. Doch wiewohl ihre Wohltaten unzählig sind, sind sie alle geistiger Art. Die Bodhisattvas kennen die wahre, demütige Caritas nicht: sie geben uns das Brot und das Wasser der Erkenntnis, nicht das wirkliche Brot und das wirkliche Wasser, die Hunger und Durst stillen.

Moksha ist ein religiöses und philosophisches Ideal. Es befreit das tapfere Individuum, das diesen schroffen Weg der Askese wählt, doch ist ihm ein Aspekt der Freiheit unbekannt. Für uns hat die Freiheit eine politische Dimension. Wir fragen uns stets, welcher Art ist unser Verhältnis zu Gott oder zu unserer biologischen oder gesellschaftlichen Umwelt: Sind wir wirklich frei, oder sind wir nur bedingt frei? Ist es die göttliche Gnade oder ist es die Tat, in der sich das Geheimnis der menschlichen Person offenbart? Diese Fragen und andere dieser Art bringen uns dahin, unsere Freiheit als der Welt zugehörig zu sehen. Sie ist kein Ideal, um die Welt zu verlassen, sondern um sie bewohnbar zu machen. Im Gegensatz zur hinduistischen Befreiung, deren Ideal das Unbedingte ist, hat meine Freiheit eine Grenze: die Freiheit der anderen. Andernfalls würde meine Freiheit sich in Despotismus verwandeln.

Aufgrund ihrer Tradition und ihrer Geschichte konnten die Inder die Freiheit nicht als ein politisches Ideal konzipieren und in das gesellschaftliche Gefüge eingliedern. Sie ist nicht nur unvereinbar mit dem Kastenwesen; es fehlte den Indern auch die Grundlage für eine wirklich kritische Tradition. In ihrer reinsten und strengsten Form kann sich die Kritik nur in einer Gesellschaft entfalten, die Freiheit als ein Gemeingut aller Bürger begreift. Zwischen der Kritik an den Göttern und dem Recht, seine Herrscher zu wählen, besteht seit der Epoche der Athener Demokratie eine sehr klare Beziehung. Weil es bei ihnen Demokratie gab, hatten die Griechen Tragödie, Komödie und freie Philosophie. Auch in China gab es politische Kritik, die bisweilen erbittert geführt wurde, doch nie standen, wie in Griechenland, die Grundlagen der Gesellschaft zur Debatte. Nur in zwei Epochen tiefer sozialer Krise bezog sich dort die philosophische und politische Diskussion auf die Grundprinzipien: in der Periode der sich bekämpfenden Einzelstaaten und im 3. Jh., in dem die Philosophie des Tun-Nichttun der Taoisten herrschte. Im allgemeinen beschränkte sich die Kritik darauf, die Taten der Minister des Sohnes des Himmels zu rühmen oder zu tadeln; die Mandarine zweifelten die Institutionen nicht an: sie waren Verteidiger der gesellschaftlichen Ordnung, die für sie das Abbild der himmlischen Ordnung war. Für Marx war die Kritik des Himmels der Beginn der Kritik dieser Welt. Er täuschte sich nicht. Bleibt hinzuzufügen, daß beide Kritiken in der Demokratie voneinander nicht zu trennen sind.

Moksha bedeutet absolute, unbedingte Freiheit. Der Befreite besitzt eine grenzenlose Macht über sich selbst und über die ihn umgebende Wirklichkeit: er hat einen übermenschlichen Zustand erlangt. Er lebt jenseits von Leidenschaft und Mitleid, von Gut und Böse. Er ist empfindungslos und indifferent wie die Elemente der Natur. Indien hat stets den *sannyāsin*, den Entsagenden, verehrt, der das Leben der Askese und der Meditation wählt. Aber der *sannyāsin* ist kein Erlöser, noch will er die Welt erretten: er weiß, daß die Welt von Anbeginn an verurteilt ist. Die Welt ist *māyā* und *duḥkha*: Illusion und Elend. Sie ist Zeit, der Bereich des Unbeständigen. Wenn die Welt also nicht zu ändern ist und niemand den Nächsten erretten kann, dann ist die Befreiung ein Unternehmen einzelner. Der Befreite ist weder Christus noch Prometheus. Jedoch gibt es, worauf ich weiter oben hingewiesen habe, eine Ausnahme: die Lehre, die Krishṇa in der *Bhagavad Gītā* dem Krieger Arjuna darlegt. Krishṇas Herkunft liegt im dunkeln. Er ist eine Inkarnation Vishṇus (die achte), doch vorher war er ein nichtarischer Stammesgott. Vielleicht war er im archaischen Indien eine Kultfigur, ein Held. Wegen seiner Heldentaten hat er Ähnlichkeit mit Herkules, aber wegen seiner Liebschaften auch mit Eros. Er ist ein Gott des Himmels: er ist blauschwarz wie das Firmament.[1] Die *Bhagavad Gītā* ist ein in die große epische Dichtung *Mahābhārata* eingeschaltetes religiöses und philosophisches Gedicht, das die Form eines Dialogs zwischen dem Helden Arjuna und dem Gott Krishṇa annimmt, der als der Wagenlenker von Arjunas Kampfwagen erscheint.

1 Benjamín Preciado, einem jungen mexikanischen Forscher, verdanken wir eine wertvolle Studie vergleichender Mythologie: *The Krishna Cycle in the Puranas*, Delhi 1984.

Vor dem Kampf zögert Arjuna, von verfrühten Gewissensbissen geplagt: sein *dharma* als Prinz und Kriegsherr heißt ihn zu kämpfen, zudem ist seine Sache gerecht; aber die ihm gegenüberstehenden Feinde sind seines Blutes: es sind seine Vettern. Sie töten hieße ein unsühnbares Verbrechen wider die Gesetze der Kaste begehen. Krishṇa widerrät ihm mit folgenden erschütternden Worten: Du klagst um die, die nicht beklagenswert. Nicht Lebende noch Tote beklagt jemals der Weise. Hierauf legt Krishṇa Arjuna die traditionelle Lehre über die Irrealität der Welt dar. Es ist kein trügerisches Spiel, sondern die Natur selbst *(prakriti)*, die den Menschen zur Tat treibt. Wer glaubt, daß er im Kampf töten wird, und wer glaubt, er werde getötet, beide sind im Irrtum. Das Sein wird weder geboren, noch stirbt es, das Sein ist unzerstörbar und beständig: wie vermag es da zu töten oder zu sterben? Aber wenn du glaubst, daß dein Gegner tatsächlich sterben kann, betrübe dich nicht; sterben ist unvermeidlich. Alle Wesen werden geboren, sterben und werden wiedergeboren, aber das Sein, das in jedem Körper wohnt, ist unsterblich und unwandelbar. Arjuna entgegnet verblüfft: Du sagst, daß der Yoga der Erkenntnis (der einsame Weg der Meditation, der uns zur Befreiung führt) dem Handeln überlegen ist. Nun aber sagst du, daß das Handeln illusorisch ist. Warum ermunterst du mich dann, schreckliche Taten zu begehen? Der Gott antwortet: Es gibt einen zweifachen Weg, den Yoga der Erkenntnis und den Yoga des Handelns *(karma-yoga)*. Der Mensch befreit sich nicht allein durch bloße Entsagung. Auch Handeln befreit. Hierauf unterweist er ihn weiter in seiner Lehre.

Bislang hat sich Krishṇa darauf beschränkt zu versichern, daß Handeln unvermeidlich ist: geboren werden und leben heißt schaffen und wirken. Aber inwiefern kann das Handeln legitim sein, inwiefern kann es ein Weg zur Befreiung sein? Krishṇa ist eine Manifestation Vishṇus, des höchsten Gottes, der die Welt erschafft, sie bewahrt und sie zerstört. Krishṇa sagt weiter: Nichts in den drei Welten bleibt mir zu erledigen oder zu erreichen; trotzdem nehme ich am Handeln teil ... Die Welten würden zerstört werden, betätigte ich mich nicht. So wie der Unwissende aus Liebe zum Tun (und zu sich selbst) handelt, handelt der Weise ohne Liebe (wie ich) und zu dem alleinigen Zweck, der Welt zu helfen. Philanthropie? Nicht ganz: Krishṇa spricht hier in seiner Eigenschaft als Gott, der die Welt bewahrt. Aber es ist eine Sache, sie zu bewahren, zu verhindern, daß sie ins Chaos stürzt, und eine andere, sie zu verändern, zu erlösen: Krishṇas Intention ist nicht die Erlösung, sondern die Aufrechterhaltung der Weltordnung. Es geht ihm darum, Arjuna den Weg zu offenbaren, um zu verhindern, daß eine Tat, so verdienstvoll es ist, für die Seinen und die Gerechtigkeit zu kämpfen, Konsequenzen hat und ein *karma* bewirkt. Krishṇa fährt fort: Obgleich wir durch unsere Taten und deren Folgen gekettet sind, gibt es Handlungen, die uns befreien, nämlich jene, die wir mit völliger Selbstlosigkeit ausführen. Der Gott ermahnt den Helden, seine Pflicht als Krieger zu erfüllen, auch wenn dies unzählbare Tote und Leid zur Folge hat. Doch er fordert, daß die Tat in selbstloser Weise vollbracht wird. Krishṇas Lehre ist die vom Tun-Nichttun, das heißt, von der Tat, die den, der sie ausführt, nicht kettet.

Die Lehre Krishṇas ist für jeden bewegend. Aber ich frage mich: Wer vermag eine solche Tat auszuführen? Wie und wo? Der Held der *Bhagavad Gītā* ist doppelt heroisch: er ist ein Krieger und ein Heiliger, ein Mann der Tat und ein quietistischer Philosoph. Demnach kann die Tat, die Krishṇa predigt, nur vollbracht werden durch einen geistigen Akt, ähnlich der Befreiung des einsamen Asketen: durch völliges Zerreißen aller Bande, die uns an die Welt binden, sowie durch die Zerstörung des Ich und der Illusion der Zeit. Stellen wir uns diesen Augenblick vor: Arjuna sieht Arjuna kämpfen und weiß, daß er dieser Arjuna ist und zugleich nicht ist; der wahre Arjuna ist weder der kämpfende noch der, der sich kämpfen sieht, sondern der andere, der keinen

Namen hat, der nur *ist*. In eben diesem Augenblick verschwindet die Zukunft, und die Zeit löst sich auf: Arjuna ist jetzt frei von Arjuna. Wer führt die Tat aus und wann? Alles geschieht in einem ewigen Jetzt, ohne Vorher noch Nachher, ohne Gestern noch Morgen. Das Handeln ohne Handeln ist mit der Befreiung identisch, und deshalb postuliert Krishṇa gegenüber dem Yoga der Erkenntnis den Yoga des Handelns. Ist die von Arjuna ausgeführte Tat eine wirkliche Tat, oder hat sie sich mit dem Helden und seinen Opfern ebenfalls aufgelöst?

Krishṇas Lehre ist sublim und unergründlich. Ich wage jedoch zaghaft, drei Beobachtungen anzustellen. Die erste: Zwischen der einsamen Befreiung und dem Handeln, das zwangsläufig *karma* bewirkt, bietet Krishṇa nicht wirklich eine neue Lösung, sondern er schlägt eine Brücke, indem er sagt, daß Handlungen, die mit echter Selbstlosigkeit ausgeführt werden, der Tat des Asketen gleichkommen, der sich seiner Empfindungen und seiner Gedanken entäußert, um den Sprung ins Unbedingte zu tun. Im einen wie im anderen Fall bedeutet das einen Bruch mit der Welt, den Tod des Ich und Wiedergeburt in einer Region, wo es weder Nacht noch Tag gibt. Versöhnung zwischen Ruhe und Handeln? Eher Verwandlung des Handelns in eine Art schwindelerregende Ruhe. Die zweite Beobachtung: Obgleich das Handeln den Helden nicht kettet, leiden andere darunter, all die Menschen, die durch seine Pfeile und sein Schwert sterben werden. Einige sind seine Lehrer, wie Droṇa, andere seine Verwandten, wie Bhīshma, sein Onkel. Und die Witwen, die Kinder, die Eltern, die Brüder, die Freunde? Die übermenschliche Selbstentäußerung, die Krishṇa predigt, hat eine andere Seite: die Gleichgültigkeit gegenüber dem Leiden anderer: Es ist nicht einfach – Arjunas Angst beweist es –, vor den Folgen des schrecklichen Gemetzels die Augen zu verschließen. Klarer scheint mir die Antwort des Thomas von Aquin: Töten ist eine Sünde, doch es gibt gerechte Kriege. Die dritte Beobachtung ist eine Fortsetzung der zweiten: Arjunas Selbstentäußerung ist ein innerlicher Vorgang, ein Verzicht seiner selbst und seines Verlangens, ein Akt geistiger Heroik, der jedoch keine Nächstenliebe verrät. Arjuna errettet niemanden außer sich selbst. Übertreibe ich? Ich glaube nicht; zumindest kann man sagen, daß Krishṇa Uneigennützigkeit ohne Philanthropie predigt. Er lehrt Arjuna, wie er dem *karma* entgehen und sich selbst – nicht die anderen – erretten kann.

Ich beende diese Reflexionen: es ist unmöglich, die Zivilisation Indiens – nicht ausgenommen die großartige mystische Tradition der Muslime –, wie es im Westen Brauch ist, nur durch ihre religiöse und asketische Version zu definieren. Gandhi war ein echter Hindu und ein Heiliger, aber weder Heiligkeit noch Enthaltsamkeit definieren Indien. Die *apsara* und die *yakshi* halten sich die Waage: Auch körperliche Schönheit besitzt eine Ausstrahlung, die auf ihre Weise geistiger Magnetismus ist. Das indische Volk ist weder resigniert noch asketisch. Oft war es gewalttätig, und Sinnlichkeit ist ein herausragendes Charakteristikum seiner Kunst und seiner Sitten. Passivität und Askese sind eine Seite der Medaille. Passivität heißt auch aktive Liebe für die Ideen; Askese ist auch Erotik und oft Gewalt: Krishṇa, Shiva, Durgā sind liebende und kampflustige Götter. Der Genius Indiens zeugt von Liebe zur größten Abstraktion und zugleich von Leidenschaft für das konkrete Bild. Mal ist er schwelgerisch, mal langweilig. Er fasziniert uns und ermüdet uns. Er hat die strahlendste und gefühlvollste Kunst geschaffen. Er ist abstrakt und naturalistisch, sexuell und intellektuell, pedantisch und sublim. Alles zusammen. Er lebt zwischen den Extremen und umfaßt sie, ist erdverbunden und magnetisiert von einem unsichtbaren Jenseits. Einerseits: Wiederholung von Formen, Überlagerung von Ideen, Synkretismus. Andererseits: Verlangen nach Totalität und Einheit. Opulenz und Nacktheit. Und in seinen größten Augenblicken: Verkörperung einer Totalität, die Fülle und Leere ist, Verwandlung des Körpers in eine Form, die, wiewohl sie körperlich und sinnlich wahrnehmbar bleibt, geistig ist.

Die Tricks der Zeit

Jede Zivilisation impliziert eine Vorstellung von der Zeit. Institutionen, Kunstwerke, Techniken, Philosophien, alles, was wir erschaffen oder ersinnen, ist ein Gewebe aus Zeit. Als Vorstellung und Empfindung der Vergänglichkeit ist die Zeit nicht bloße Abfolge; für alle Völker ist sie ein Prozeß, der eine Richtung hat oder ein Ziel verfolgt. Die Zeit hat einen Sinn. Besser gesagt: die Zeit ist der Sinn des Lebens – selbst dann, wenn wir der Meinung sind, daß das Leben des Sinns entbehrt. Die konträren Einstellungen von Hindus und Christen zur Conditio humana – *karma* und Erbsünde, *moksha* und Erlösung – prägen die verschiedenen Vorstellungen von der Zeit. Beide Einstellungen sind Manifestationen und Konsequenzen des zeitlichen Ablaufs, sie bekunden sich nicht nur in der Zeit und bestehen aus Zeit, sondern sie sind auch das Ergebnis eines Ereignisses, das die Zeit und deren Ausrichtung determiniert. Im Falle des Christentums fand dieses Ereignis vor Beginn der Zeit statt: die Sünde Adams und Evas wurde an einem Ort begangen, der bis dahin gegen den Wandel gefeit war: im Paradies. Die Geschichte des Menschengeschlechts beginnt mit der Vertreibung aus dem Garten Eden und unserem Eintritt in die Geschichte. Im Hinduismus (und im Buddhismus) ist das Geschehen nicht vorgeschichtlich, sondern ist der Zeit selbst inhärent. Für das Christentum ist die Zeit eine Folge der Erbsünde, und deshalb ist seine Vorstellung von der Zeit negativ, wenn auch nicht gänzlich: die Menschen können durch das Opfer Christi und den Gebrauch ihrer Freiheit, die eine Gabe Gottes ist, errettet werden. Die Zeit ist nicht nur Verdammung; sie ist auch eine Prüfung. Für den Hindu ist die Zeit an sich schlecht. Weil sie unbeständig und wechselhaft ist, ist sie illusorisch. Die Zeit ist *māyā*: eine dem Anschein nach gefällige Lüge, die doch nichts als Leiden, Irrtum und schließlich Tod ist, der den Hindu dazu verurteilt, wiedergeboren zu werden in der schrecklichen Fiktion eines ebenso schmerzhaften und illusorischen anderen Lebens.

Für die Christen und die Juden, und auch für die Moslems, gab es nur eine Schöpfung. »Die klassische Kosmographie«, sagt Louis Renau, »stellt sich ein Ei Brahmas vor, aus dem die aufeinanderfolgenden Schöpfungen schlüpfen.«[1] Es gibt nicht nur eine Schöpfung, sondern deren viele. Renau fügt hinzu: »Die Dauer des Universums, von den Anfängen bis zu seiner Auflösung, ist ein Tag Brahmas; eine Unzahl von Geburten sind ihm vorausgegangen, und weitere Auflösungen werden ihm folgen.« Das Universum währt so lange wie der Traum Brahmas; mit seinem Erwachen verschwindet das Universum, wird aber wiedergeboren, kaum daß der Gott sich wieder schlafen legt. Brahma ist dazu verurteilt, die Welt zu träumen, und wir, sein Traum zu sein. Wir kennen die Dauer dieser wiederkehrenden Träume: 2190 Millionen Erdenjahre. In anderen Versionen 4320 Millionen Jahre. Jeder Zyklus *(kalpa)* besteht aus Weltzeitaltern *(yugas)*. Es gibt vier in jeder *kalpa*, und wir leben in dem vierten, dem letzten Zeitzyklus: *Kali-Yuga*. Es ist die Ära der Verirrung, der Vermischung der Kasten und des Verfalls der kosmischen und sozialen Ordnung. Ihr Ende ist nahe, und es wird sich durch die doppelte Einwirkung von Feuer und Wasser vollziehen. Nach einer Periode kosmischer Lethargie wird das Universum in einen neuen Zyklus eintreten; es ist ein endloser Kreislauf.[2] Im Buddhismus und

1 Louis Renau, *La civilisation de l'Inde ancienne d'après les textes sanscrites*, Paris 1950.

2 Siehe Luis González Reiman, *Tiempo cíclico y eras del mundo en la India*, El Colegio de México 1988.

im Jainismus gibt es ähnliche Zyklen und Zahlen. Die ungeheure Zahl dieser Zyklen kontrastiert mit der Dauer, welche die Christen der Welt zuschreiben: wenige tausend Jahre. In der hinduistischen Kosmologie, die buddhistische und die jainitische eingeschlossen, gibt es auch, wie bei Giordano Bruno und in den Hypothesen mancher moderner Wissenschaftler, eine Vielzahl von Welten, die von intelligenten Wesen bewohnt werden. In jeder dieser Welten gibt es weitere Buddhas und weitere Mahāvīras.[1] In den buddhistischen Texten heißt es sogar, daß ein künftiger Buddha die vergeßlichen Menschen den geraden Weg ins Nirvāṇa lehren wird. Wir kennen seinen Namen: Maitreya.

Die Vorstellung von aufeinanderfolgenden Schöpfungen und den damit verbundenen Weltzeitaltern findet sich bei vielen Völkern. Auch die Indios in Amerika hatten diesen Glauben; die alten Mexikaner sagten, daß es fünf Schöpfungen, die sie *soles* (Sonnen) nannten, gebe. Die letzte, die fünfte, sei die gegenwärtige: Sonne der Bewegung. Diese Glaubensüberzeugungen gibt es auch bei anderen Völkern des Orients, Kleinasiens und des Mittelmeerraums. Mehrere Philosophen teilten sie: Pythagoras, Empedokles, Platon und die Stoiker. Eine weitere Ähnlichkeit zwischen Hindus und Griechen und Römern: Die Erdenwelt ist unvollkommen und mit Mängeln behaftet, weil sie sich unaufhörlich wandelt. Der Wandel weist auf einen Mangel hin; der Mensch, das unvollständige Wesen, trachtet nach der Fülle des Seins, das stets mit sich selbst identisch ist. Der Wandel, die unablässige Veränderung der Zeit und der Welt, strebt nach der unwandelbaren Identität des Seins. Für die Griechen und die Hindus war die Bewegung schwer verständlich, außer als Versuch, die Unwandelbarkeit des Seins jenseits der Zeit zu erreichen. Daher begreift Heraklit die Welt nicht als ein stetiges Fortschreiten, das im Kampf der Gegensätze besteht – wie die moderne In-

1 Mahāvīra: der Gründer des Jainismus.

terpretation annimmt, die meiner Meinung nach irrt –, sondern als einen Rhythmus, bestehend aus aufeinanderfolgenden Brüchen und Versöhnungen: die Einheit teilt sich in zwei Hälften, die sich hassen, sich lieben und sich schließlich wiedervereinigen, um sich erneut zu trennen, und so fort bis zum Ende der Zeiten. Keine »Wahlverwandtschaft«, sondern einem Schicksal unterworfen: jede Bejahung erzeugt ihre Verneinung, die sich ihrerseits in einer weiteren Bejahung verneint. Heraklit kannte kein Fortschreiten; ebensowenig Platon und Aristoteles. Deshalb sehen die beiden letzteren das Bild der Vollkommenheit im Kreis: der Ausgangspunkt ist auch der Endpunkt. Der Kreis ist geschaffen nach dem Bilde der ewigen Bewegung der Himmelskörper. Diese Bewegung verlangt nach Bewegungslosigkeit, und die Zeit nach Unwandelbarkeit.

Die Komplexität der hinduistischen Kosmogonie und die enorme Dauer ihrer Zyklen ähneln der Logik der Alpträume. Am Ende verschwinden diese Kosmogonien; wir öffnen die Augen und stellen fest, daß wir unter Phantomen gelebt haben. Der Traum Brahmas, das, was wir Wirklichkeit nennen, ist eine Illusion, ein Alptraum. Erwachen heißt, die Irrealität dieser Welt entdecken. Der negative Charakter der Zeit rührt nicht daher, daß sie die Folge einer Erbsünde ist, sondern im Gegenteil: es ist die Erbsünde oder das Manko des Menschen, daß er ein Kind der Zeit ist. Das Schlechte liegt in der Zeit. Aber warum ist die Zeit schlecht? Weil sie unbeständig, illusorisch, irreal ist. Die Zeit besitzt keine Substanz: sie ist Traum, Lüge, *māyā*. Dieses Wort wird im allgemeinen mit Illusion übersetzt. Aber man muß hinzufügen, daß die Illusion, die die Welt ist, eine göttliche Schöpfung ist. In einer Upanishade heißt es: »Du mußt wissen, daß die Natur *(prakriti)* Illusion *(māyā)* ist und daß der Herr der Illusionist *(māyin)* ist.« In der *Bhagavad Gītā* sagt Krishṇa, um Arjuna seine Geburten zu erklären: »Obgleich ich nicht geboren wurde und mein Selbst unvergänglich ist ... so gelange ich doch vermöge meiner Macht *(māyā)* zu (empirischem) Sein.« Hier ist *māyā* Macht. Aber, fügt Krishṇa in einer anderen Passage hinzu: »Diejenigen, die zu mir ihre Zuflucht nehmen, überschreiten diese göttliche Macht *(māyā)*.« Mithin ist *māyā* zugleich Illusion und Macht, die Erscheinungen schafft. Die reale Wirklichkeit, die einzige, ist weder Schöpfung noch Erscheinung: sie ist das unwandelbare und unerschaffene Sein. Für den Buddhisten ist sie die Leere. *Māyā* ist Zeit, doch nicht in der westlichen Bedeutung, wo sie ein dynamischer Prozeß ist, sondern als eitle Wiederholung einer falschen Wirklichkeit, einer Erscheinung. Alles, was sich wandelt, krankt an Irrealität; das Wirkliche ist das, was von Bestand ist: das absolute Sein (Brahman). Der Mensch ist unbeständig wie der Kosmos, doch im tiefsten Innern ist sein Sein *(ātman)* identisch mit dem Weltall Brahman. Beide sind jenseits der Zeit, außerhalb des Geschehens. Das Sein denkt nicht, fühlt nicht, wandelt sich nicht: es *ist*. Der Buddhismus seinerseits negierte das Sein und betrachtete das Ich als eine Verbindung substanzloser Elemente, welche die Meditation trennen und auflösen muß. Hinduismus und Buddhismus sind eine radikale Kritik der Zeit.

Für den Hinduismus hat die Zeit keinen Sinn, oder vielmehr, sie hat keinen anderen Sinn als den, in der Fülle des Seins zu verlöschen, wie Krishṇa zu Arjuna sagt. Diese Auffassung der Zeit erklärt die Abwesenheit von Geschichtsbewußtsein bei den Hindus. Indien hat große Dichter, Philosophen, Architekten, Maler hervorgebracht, aber bis zur Neuzeit keinen Historiker. Von den verschiedenen Mitteln der Hindus, die Zeit zu negieren, sind zwei besonders beeindruckend: die metaphysische und die soziale Negation. Erstere hat das Entstehen jener literarischen, wissenschaftlichen und philosophischen Gattung, die wir Historiographie nennen, verhindert; letztere, die Institution der Kasten, hat die Gesellschaft gelähmt.

Der Kontrast zu den Moslems ist bemerkenswert. Auch zu

den Chinesen, für die die Vollkommenheit in der Vergangenheit liegt. Konfuzius sagt: »Ich erfinde nicht, ich übermittle. Ich glaube an das Altertum und liebe es.« Die Zivilisation ist eine Ordnung, die sich von der natürlichen und kosmischen Ordnung nicht unterscheidet: sie ist ein Rhythmus. Die Barbarei ist eine Übertretung der Gesetze der Natur, eine Verquickung des himmlischen Prinzips mit dem irdischen, eine Vermischung der fünf Elemente und der vier Himmelsrichtungen, kurz, ein Bruch des kosmischen Rhythmus. Die Barbarei gibt es nicht vor der Geschichte, sondern außerhalb von ihr. Die Morgendämmerung der chinesischen Zivilisation, das mythische glückliche Zeitalter des Gelben Kaisers, ist auch ihr Mittag, ihr Gipfelpunkt. Der Zenit liegt schon im Tagesanbruch; der Anfang ist bereits die Vollendung und damit der Archetypus par excellence. Das Altertum ist vollkommen, denn es ist der harmonische Zustand zwischen der natürlichen Welt und der sozialen Welt. Daher die Bedeutung der fünf klassischen Werke des alten China. Sie sind die Quelle des politischen Wissens und die Grundlage der Staatskunst; die Politik ist Teil der Theorie der universalen Korrespondenz; die Musik, die Poesie, der Tanz, die Riten sind, weil sie Rhythmus sind, Politik; Nachahmung der Alten ist der Weg des Weisen und des tugendhaften Herrschers. Die taoistische Heterodoxie glaubte weder an die Klassiker noch an die Zivilisation und die Tugend, in der Bedeutung, die Konfuzius und seine Schüler diesen Worten gaben, doch sie stimmte mit ihnen überein in der Auffassung der Natur als eines Modells: die Weisheit ist im Einklang mit dem Rhythmus der Natur. Wissen bedeutet nicht Kenntnis, sondern Verfeinerung der Seele. Der Sinn der Zeit liegt in der Vergangenheit, das Altertum ist die Sonne, die unsere Werke beleuchtet, unsere Taten beurteilt, unsere Schritte lenkt.

Bei den Moslems ist Geschichte eher Chronik, keine Meditation über die Zeit. Gleichwohl teilt Ibn Khaldun die menschlichen Gesellschaften in zwei Gruppen ein: primitive Kulturen und Zivilisationen. Erstere, nomadisch oder seßhaft, kennen im Grunde keine Geschichte: an ihr Land gebunden oder in der Wüste umherziehend, leben sie immer in derselben Zeit. Die Zivilisationen entstehen, erreichen einen Höhepunkt, verfallen und verschwinden: auf ihren Steinen springen wieder Ziegen herum. Zivilisationen sind individuelle Organismen, eine jede mit eigenen Charakteristika, doch alle dem Gesetz des Entstehens und Vergehens unterworfen. Sie beinhalten jedoch ein zeitloses Element: die Religion. Die wahre Vollkommenheit gibt es nicht in der Zeit, sondern in den Religionen, insbesondere in der zuletzt entstandenen, im Islam, der für die Muslime die definitive Offenbarung ist.

Die christliche Zeit ist nicht zyklisch, sondern gradlinig: Adam, Eva und der Sündenfall; sodann das Opfer Christi und die Erlösung; und eine Endzeit: die unsere. Die christliche Zeit durchbricht den zirkulären Rhythmus des Heidentums. Für Platon und Aristoteles ist die vollkommene Bewegung die Kreisbewegung; wie die Bewegung der Himmelskörper ist sie rational und ewig. Die geradlinige Bewegung ist akzidentiell und endlich; sie ist kontingent: sie bewegt sich nicht von selbst, sondern dank dem Impuls einer treibenden Kraft. Das Christentum verkehrt die Begriffe; allein die geradlinige, die menschliche Zeit zählt, weil sie die Zeit unserer Errettung oder Verdammung ist. Sie ist weder eine ewige noch eine unbestimmte Bewegung; sie hat ein Ziel, in der doppelten Bedeutung des Wortes: Ende und Zweck. Zum einen ist sie definitiv; zum anderen besitzt sie einen Sinn; und aus diesen beiden Gründen ist sie eine entscheidende Zeit. Das Christentum führt die Entscheidung, die Freiheit ein: seine Zeit bedeutet Erlösung oder ewige Verdammnis. Sein Wert liegt nicht in der Vergangenheit, obgleich der Sündenfall die Ursache der Zeit und der Geschichte ist, sondern in der Gegenwart: eben jetzt errette ich mich oder verdamme ich mich. Dieses Jetzt bezieht sich auf eine bestimmte Zukunft: auf die letzte Stunde, sei

Octavio Paz trifft als Botschafter im Rashtrapati Bhavan ein, Neu-Delhi 1962

Octavio Paz im Garten der mexikanischen Botschaft, Neu-Delhi, Dezember 1964

Octavio Paz und Marie José Paz in Alwar, Indien, Oktober 1965

Octavio Paz in Samangan, Afghanistan, Juli 1965

Octavio Paz in Gal Vehara, Ceylon (Sri Lanka), 1967

Octavio Paz in Polannaruwa, Ceylon (Sri Lanka), 1967

Octavio Paz in Kasauli, Indien, Mai 1968

Marie José Paz in Kasauli, Indien, Mai 1968

Octavio Paz und Marie José Paz in Mandawa, Indien, November 1985

es die unseres persönlichen Todes oder die des Jüngsten Gerichts. Wie die anderen Religionen begreift das Christentum die Vollkommenheit in einem Jenseits der Zeit, doch dieses Jenseits ist nicht in der Vergangenheit noch außerhalb der Zeit, sondern in einer bestimmten Zukunft: dem Ende der Zeit. Dieses Ende ist der Anfang von etwas, das nicht mehr Zeit ist, etwas, das wir nicht benennen können, obgleich wir es manchmal Ewigkeit nennen.

Der moderne Zeitbegriff gründet sich auf das Christentum. Für uns ist die Zeit lineare Abfolge, Geschichte – nicht sakral, sondern profan. Die Umwandlung der religiösen Zeit in profane Zeit hatte zur unmittelbaren Folge, daß sie aufhörte, endlich und bestimmt zu sein, und unendlich und unbestimmt wurde. Die moderne Zeit ist ein ständiges Jenseits, eine immer unerreichbare und nicht realisierbare Zukunft. Diese Zukunft ist unbestimmbar, da sie weder ein Ende noch einen Zweck hat: ihr Wesen besteht darin, daß sie unberührbar ist. In dem Maße, wie die Zukunft sich entfernt, entfernt sich die Vergangenheit: auch sie ist unberührbar. Jedoch können wir sie erforschen und mit einiger Genauigkeit das Alter des Menschengeschlechts berechnen und sogar das der Erde und des Sonnensystems. Die Zukunft dagegen läßt sich nicht berechnen. Vielleicht werden wir einmal in Erfahrung bringen, woher wir kamen, nicht aber, wohin wir gehen. Nach vorn schießend, ein Pfeil in gerader Linie, hat unsere Zeit nicht mehr Bedeutung, als ständige Bewegung zu sein, immer näher – immer ferner – der künftigen Vollkommenheit. Die Idee, die uns anspornt, ist wunderbar und unsinnig: die Zukunft bedeutet Fortschritt.

Die europäische Expansion störte den Rhythmus der orientalischen Gesellschaften; sie zerbrach die *Form* der Zeit und zerstörte den *Sinn* der Abfolge. Sie war mehr als eine Invasion. Diese Völker hatten schon andere Fremdherrschaften erlitten und wußten, was das Joch der fremden Macht bedeutet, die europäische Präsenz jedoch empfanden sie als *Dissonanz*. Einige versuchten, hinter dieser frenetischen Betriebsamkeit und diesem auf eine unbestimmte Zukunft gerichteten Willen eine Absicht zu erkennen. Als sie entdeckten, worin dieser Zeitbegriff bestand, waren sie empört: zu denken, daß die Zeit Fortschritt ohne Ende ist, hielten sie weniger für ein mystisches Paradoxon als schlicht für Verirrung. In ihre Bestürzung mischte sich Erstaunen, denn so irrational solch ein Gedanke auch war, es war nicht zu übersehen, daß die Europäer dank ihm Wunder wirkten. Aus der Mißbilligung, mit der die hinduistischen und moslemischen Eliten den Materialismus der Europäer betrachteten, wurde schon bald Bewunderung. Sie erkannten, daß die Engländer, waren sie auch nicht weiser als sie selbst, so doch mächtiger waren. Deren Wissen führte weder zur Kontemplation des Göttlichen noch zur Befreiung; ihre Wissenschaft war aktiv: die Natur gehorchte ihnen, und in ihren Städten kam der Macht der Starken und Reichen weniger Gewicht zu. Es war die alte Magie, doch jetzt jedem zugänglich, der die Zauberformel kannte.

Wissenschaft und Technik, die Macht des Menschen über die materielle Welt und die Freiheit, die uns diese Macht gibt: dies ist das Geheimnis der Faszination, die der Westen auf die Eliten des Alten Orients ausübte. Es war ein wahrer Taumel: die Zeit lastete weniger, die Menschen waren keine Sklaven des Kreislaufs der Gestirne, noch unterstanden sie dem karmischen Gesetz. Die Zeit konnte die Form annehmen, die unser Wille und unser Wissen ihr gaben. Die Welt wurde formbar. Der Anbruch der modernen Zeit hatte eine Verkehrung der traditionellen Werte zur Folge, in Asien ebenso wie in Europa: Bruch mit der heidnischen zirkulären Zeit, Zerstörung des hinduistischen zeitlosen Absoluten, Diskreditierung der chinesischen Vergangenheit, Ende der christlichen Ewigkeit. Zersplitterung und Vermehrung der Vollkommenheit: ihr Haus ist die Zukunft, und die Zukunft ist überall und nirgends, in Reichweite und immer unerreichbar.

Der Fortschritt war nicht länger eine Idee, er wurde ein Glaube. Er veränderte die Welt und die Menschen. Er erlöst uns nicht aus unserer Kontingenz; er preist sie als ein Abenteuer, das fortwährend von neuem beginnt: der Mensch ist nicht länger das Geschöpf der Zeit, sondern ihr Schöpfer.

Fallstricke der Zeit: In dem Augenblick, da die Idolatrie des Wandels, der Glaube an den Fortschritt als ein geschichtliches Gesetz und die Vorherrschaft der Zukunft in der ganzen Welt triumphierten, begannen diese Ideen brüchig zu werden. Zwei Weltkriege und die Instauration totalitärer Tyranneien haben unseren Fortschrittsglauben ins Wanken gebracht; die technologische Zivilisation hat gezeigt, daß sie ungeheure Zerstörungskräfte besitzt, die sich sowohl auf die natürliche Umwelt als auch auf die Welt der Kultur und des Geistes auswirken. Vergiftete Flüsse, in Wüsten verwandelte Wälder, kontaminierte Städte, entseelte Menschen. Einerseits eine Zivilisation des Überflusses, andererseits große Hungersnot in Afrika und anderswo. Der Zusammenbruch des Nationalsozialismus wie auch der des totalitären Kommunismus haben die Übel der freiheitlichen demokratischen Gesellschaften, die vom Dämon des Profits beherrscht sind, nicht beseitigt. Der berühmte Ausspruch von Marx, daß Religion Opium fürs Volk sei, kann heute mit größerem Recht auf das Fernsehen bezogen werden, das das Menschengeschlecht, in idiotischer Glückseligkeit badend, am Ende abstumpfen wird. Die Zukunft hat aufgehört, strahlende Verheißung zu sein, und ist eine düstere Frage geworden.

Für Gandhi kamen und gingen die Zivilisationen; von Bestand war allein das *dharma*: die Wahrheit des Demütigen, der keine andere Waffe besaß als die Gewaltfreiheit. In gewissem Sinne hatte er nicht unrecht: die Geschichte ist die große Baumeisterin von Ruinen. Gandhi setzte den schädlichen Inventionen des Westens den Glauben an eine Gesellschaft von Bauern und Handwerkern entgegen, die in kleinen Dörfer zusammenleben. Die Geschichte selbst hat ihn in ihrer blindesten und brutalsten Weise widerlegt: die Bevölkerungsexplosion hat den Traum von glücklichen Dörfern zerschlagen. Ich werde nicht auf das zurückkommen, was uns allen bewußt ist, wenngleich den meisten nicht sehr deutlich: Unser Begriff von der Zeit ist brüchig geworden, und ihre wunderbaren Erfindungen verbrennen uns die Hände, lassen unseren Geist verdorren. Vielleicht besteht die Abhilfe darin, zwischen eine Vergangenheit, die sich entfernt, und eine Zukunft, die nie anbricht, ins Zentrum der zeitlichen Dreiheit die Gegenwart zu stellen. Die konkrete tägliche Wirklichkeit. Ich glaube, daß die Reform unserer Zivilisation mit einer Reflexion über die Zeit beginnen muß. Es gilt, eine neue Politik zu schaffen, die ihre Wurzeln in der Gegenwart hat. Aber das ist ein anderes Thema, ich habe es in anderen Büchern behandelt ... Diese Seiten begannen mit einem Versuch, auf die Fragen zu antworten, die Indien mir gestellt hatte. Jetzt enden sie mit einer Frage, die uns alle einbezieht: In welcher Zeit leben wir?

ABSCHIED

Das letzte Jahr meines Aufenthalts in Indien fiel zusammen mit den großen Jugendrevolten in der westlichen Welt. Ich verfolgte sie von fern mit Erstaunen und voller Hoffnung. Die Bedeutung dieser Bewegungen war mir nicht ganz klar; ich hielt mir zugute, daß es ihren Protagonisten ebenso gehe. Wir alle wußten jedoch, daß es eine Rebellion gegen die Werte und Ideen der modernen Gesellschaft war. Diese Unruhen waren nicht von den Kommunisten beeinflußt, sondern von einem libertären Geist beseelt, und deshalb waren sie, trotz aller Konfusion, heilsam. Die Studentenrevolte von 1968 in Paris war die inspirierteste und beeindruckte mich am meisten. Die Worte und Taten jener Jugendlichen hielt ich für das Erbe einiger großer moderner Dichter, die Rebellen und Propheten zugleich waren, wie zum Beispiel William Blake, Victor Hugo, Walt Whitman. Während ich über diese Themen nachdachte, brach der Sommer über uns herein. Die große Hitze zwang uns, Marie José und mich, in einem kleinen Ort an den Ausläufern des Himalaja, einer alten Sommerfrische der Engländer, vorübergehend Zuflucht zu suchen: Kasauli. Wir nahmen Logis in einem kleinen Hotel, dem einzigen am Platze, das noch von zwei alten englischen Damen, Überlebenden des *British Raj*, geleitet wurde. Ich hatte einen ausgezeichneten Radioapparat dabei, so daß ich täglich die Nachrichten und Kommentare der BBC in London hören konnte.

Wir gingen in der Umgebung von Kasauli spazieren, doch weder der Anblick jener Gebirgsmassive und darunter der weiten Ebenen Indiens noch die bezaubernden Gärten voller Hortensien – englische Gartenkunst zu Füßen erhabener Berge – vermochten uns von den Ereignissen in Paris abzulenken. Während dieser Wochen spürte ich, wie die Hoffnungen meiner Jugend neu auflebten: Wenn die Arbeiter und die Studenten sich verbündeten, würden wir die erste echte sozialistische Revolution erleben. Vielleicht hatte Marx sich doch nicht geirrt: Die Revolution würde in einem industriell fortgeschrittenen Land ausbrechen, mit einem aufgeklärten und in den demokratischen Traditionen erzogenem Proletariat. Diese Revolution würde sich in der ganzen hochentwickelten Welt ausbreiten, würde nicht nur dem Kapitalismus, sondern auch den totalitären Regimen den Garaus machen, die wie Rußland, China, Kuba und andere Länder den Namen Sozialismus usurpiert hatten. Und eine von Marx nicht vorhergesehene Neuheit: Diese Revolution wäre auch der Anfang einer tiefgreifenden Bewußtseinsveränderung. Die Poesie, Erbin der großen geistigen Traditionen des Abendlandes, würde in Aktion treten. Es wäre schließlich die Verwirklichung der Träume der Romantiker des 19. Jh. und der Surrealisten des 20. Jh. Mich hatten die Poetik und die Ästhetik des Surrealismus nie ganz überzeugen können. Ich habe die »écriture automatique« nur sehr selten praktiziert; immer habe ich geglaubt – und glaube es noch heute –, daß sich in der Poesie Inspiration und Kalkulation unlösbar verbinden. Was mich am Surrealismus vor allem angezogen hat, war die Verbindung von Poesie und Aktion. Dies war für mich das Wesen oder die Bedeutung des Wortes Revolution. André Breton war knapp zwei Jahre zuvor gestorben, in eben dem Augenblick, da diese Ideen, die er in wunderbarer und vorbildlicher Weise verkörpert hatte, Gestalt anzunehmen und geschichtliche Realität zu werden begannen.

Die Ereignisse sollten mich bald ernüchtern. Indes erlebten wir eine Art von Beben, nicht der Erde, sondern des Bewußtseins. Das Phänomen konnte nicht mit dem Marxismus erklärt werden, ehe er schon mit der Geschichte der Religionen, mit dem psychischen Untergrund der westlichen Zivilisation, die eine kranke Zivilisation ist. Die Jugendrevolten glichen Fieberanfällen, die vorübergehen, aber auf tiefere Übel schließen lassen. Wir kehrten nach Delhi zurück, und dort erwartete mich eine neue

Nachricht: Auch in Mexiko-Stadt war es zu einer Studentenrevolte gekommen. Es handelte sich zum Großteil um einen Nachhall derjenigen, die zuvor in den Vereinigten Staaten, in Deutschland und in Frankreich stattgefunden hatten. Die Rebellion beschränkte sich auf Mexiko-Stadt und war eine Bewegung von Jugendlichen, die mehr oder weniger der Mittelklasse angehörten. Es war weder eine proletarische Bewegung, noch gelang es ihr, die Arbeiter zu gewinnen. Aber sie brachte die Regierung in Bedrängnis, die in jenen Tagen mit der Vorbereitung der Olympischen Spiele beschäftigt war, welche wenig später in Mexiko stattfinden sollten. Was in Mexiko geschah, wies zudem gewisse Besonderheiten auf und war kein bloßer Reflex der Ereignisse, die andere Länder erschüttert hatten. Der mexikanischen Bewegung fehlte die moralische, soziale und sexuelle Kritik an der bürgerlichen Gesellschaft, der gleichsam orgiastische und poetische Anarchismus der Pariser Rebellen, der sich in elektrisierenden Parolen äußerte wie *Verboten zu verbieten* oder *Unter dem Pflaster liegt der Strand*, Aussprüche, die an die Manifeste und Deklarationen der Surrealisten vierzig Jahre zuvor erinnerten. Dagegen tauchten in den Erklärungen der mexikanischen Jugendlichen verschiedene konkrete Forderungen auf, darunter diejenige, die den Kernpunkt der politischen Kontroversen in Mexiko ausmachte und immer noch ausmacht: die Demokratie.

Die Forderung nach einer demokratischen Reform des Systems entsprach dem allgemeinen Verlangen der Bevölkerung, insbesondere immer größerer Teile der Mittelklasse. Das Land war der nahezu ein halbes Jahrhundert währenden Herrschaft der offiziellen Partei (Partido Revolucionario Institucional), die die historische und politische Notwendigkeit ihrer Gründung im Jahre 1929 überlebt hatte, müde. Gewiß, das wahre Ziel der Studentenführer war revolutionär: sie sahen in der Demokratie nur einen Ausgangspunkt für die nächste, die revolutionäre Etappe, die den Sozialismus begründen würde. Darin unterschied sich ihre Ideologie grundlegend von derjenigen der Pariser Rebellen. Die mexikanischen Jugendlichen waren fasziniert vom Beispiel Che Guevaras. Ein, nebenbei gesagt, zugleich selbstmörderisches und untaugliches Vorbild: die Geschichte hatte eine andere Richtung genommen als die, welche der argentinische Revolutionär eingeschlagen hatte. Doch die Tatsache, daß man die Studentenrevolte mit dem Wort *Demokratie* verband, machte die Studenten in Mexiko-Stadt ungemein populär.

In jenen Tagen erhielt ich eine Mitteilung des mexikanischen Außenministers, Antonio Carrillo Flores, eines leutseligen, intelligenten und sensiblen Mannes. Er bat mich, ihn über die Maßnahmen zu informieren, die die indische Regierung bei ähnlichen Situationen wie der in Mexiko ergriffen hatte. Diese Note erging an alle mexikanischen Botschafter. Ich lieferte nicht nur die erbetene Information, sondern fügte auch einen langen persönlichen Kommentar hinzu. Das Wesentliche meiner Argumentation findet sich, etwas erweitert, in einem kleinen Buch, das ich bald darauf veröffentlicht habe: *Postdata* (1969). Ich rechtfertigte das Verhalten der Studenten, was ihre Forderung nach einer demokratischen Reform betraf, vor allem aber riet ich eindringlich davon ab, zur Gewalt zu greifen, eher solle man eine politische Lösung des Konflikts suchen. Carrillo Flores bedankte sich für meine Antwort mit einem Telegramm. Er hatte meine Kommentare sehr aufmerksam gelesen und sie an den Präsidenten der Republik weitergeleitet, der sich ebenfalls interessiert gezeigt hatte. Die nächsten zehn oder zwölf Tage verbrachte ich in Ruhe, bis ich am Morgen des 3. Oktober von der blutigen Repression des Vortags erfuhr. Ich kam zu dem Schluß, daß ich nicht länger eine Regierung vertreten konnte, welche in einer Weise gehandelt hatte, die meiner Art zu denken derart konträr war. Ich schrieb an Carrillo Flores, um ihm diesen meinen Entschluß mitzuteilen, und suchte zu demselben Zweck den Außenminister Indiens auf.

Die Reaktion der indischen Regierung war äußerst diskret

und freundlich. Indira Gandhi, die zu der Zeit bereits Ministerpräsidentin war, konnte mir offiziell nicht den Abschied geben, aber sie lud uns, Marie José und mich, zu einem Abendessen in ihr Haus ein; anwesend waren auch ihr Sohn Rajiv, seine Frau Sonia und ein paar gemeinsame Freunde. Schriftsteller und Künstler gaben uns in *The International House* eine Art Abschiedsbankett. In der Presse erschienen Artikel und Interviews. Der Korrespondent von *Le Monde*, Jean Wetz, ein guter Freund, veröffentlichte in seiner Zeitung einen ausführlichen Kommentar über den Fall. Ein paar Tage später nahmen wir den Zug nach Bombay, wo wir uns auf der *Victoria* einschiffen wollten, die den Dienst zwischen dem Orient und dem Mittelmeerraum versah. Die Reise von Delhi nach Bombay war bewegend, nicht nur weil sie mich an jene andere Reise erinnerte, die ich circa zwanzig Jahre zuvor gemacht hatte, sondern auch, weil an einigen Stationen Gruppen junger Studenten unseren Wagen stürmten, um uns die traditionellen Blumengirlanden umzuhängen. In Bombay stiegen wir im Taj Mahal ab und besuchten ein paar Freunde. Den letzten Sonntag verbrachten wir auf der Insel Elephanta. Dort hatte ich meine erste Erfahrung mit der Kunst Indiens gemacht; auch für Marie José war es Jahre später, ehe wir uns kennenlernten, die erste Begegnung mit ihr gewesen. Es gab dort eine Menge lärmender Touristen, was uns den Besuch am Anfang verdarb. Aber die Schönheit dieses Ortes siegte schließlich über alles Störende. Das Blau des Meeres und des Himmels; die runde Bucht und ihre Küstenstreifen, weiß die einen, andere grün, ocker, violett; die wie ein riesiger Stein ins Wasser gefallene Insel; die Höhle und, im Halbdunkel, die Statuen, Bilder von Wesen, die sowohl von dieser Welt sind wie auch von einer anderen, die wir nur erahnen können ... Ich erlebte erneut, was ich Jahre zuvor gefühlt hatte. Aber im Schein eines anderen, ernsteren Lichts: Wir wußten, daß wir all das zum letzten Mal sahen. Es war, als entfernten wir uns von uns selbst;

die Zeit öffnete ihre Pforten: Was erwartete uns? In dieser Nacht, ins Hotel zurückgekehrt, schrieb ich als Abschied und in Art einer Anrufung die folgenden Zeilen:

Shiva und Pārvatī:
wir beten sie an
nicht als Götter,
sondern als Bilder
der Göttlichkeit der Menschen.
Ihr seid, was der Mensch erschafft und nicht ist,
was der Mensch sein soll,
wenn er die Strafe der Pflichten abgebüßt.
Shiva:
deine vier Arme sind vier Flüsse,
vier Springbrunnen.
Dein ganzes Wesen ist eine Quelle,
und in ihr badet die liebliche Pārvatī,
in ihr wiegt sie sich wie ein anmutiger Nachen.
Das Meer pulsiert unter der Sonne:
es sind die üppigen Lippen des lächelnden Shiva;
das Meer ist eine lange Funkenfährte:
es sind die Schritte Pārvatīs auf dem Wasser.
Shiva und Pārvatī:
die Frau, die meine Frau ist,
und ich –
nichts erbitten wir von ihnen, nichts,
das zur anderen Welt gehörte:
nur
das Licht auf dem Meer,
barfüßiges Licht über Meer und Land im Schlafe.[1]

México, 20. Dezember 1994

1 Übertragen von Fritz Vogelgsang.

Bildnachweis

Hochzeit von Shiva und Pārvatī, Werner Forman Archiv, London.
Stifterehepaar, Ancient Art and Architecture Collection, London.
Asketischer Buddha, Zentralmuseum, Lahore. SCALA, Florenz.
Die Trimurti, Shivatempel, Elephanta.
Yakshis, Indienmuseum, Kalkutta. Photographie Bulloz, Paris.
Apsaras, Nationalmuseum, Colombo.
Betrunkene Kurtisane, Nationalmuseum, Neu-Delhi.
Qutb-Minar, Umgebung von Neu-Delhi, 13. Jh.
Moschee Jama Masjid, AISA, Barcelona.
Lahore-Tor des Roten Forts, A.G.E. FotoStock, Barcelona.
Grabmal des Ghiyās ad-Dīn Tughluq, Archiv des Autors.
Fetehpur Sikri, Archiv des Autors.
Kaiser Akbar auf einem Elefanten, Victoria & Albert Museum, London. Archiv des Autors.
Prinz Salīm, Victoria & Albert Museum, London. Archiv des Autors.
Shah Jahan, Victoria & Albert Museum, London. Archiv des Autors.
Aurangzeb, Archiv des Autors.
Bahadur Shah II., Archiv des Autors.
Lord Hastings, Kunstmuseum, São Paulo. The Bridgeman Art Library, London.
Lord Macaulay, Camera Press.
Robert Clive, Nationale Gemäldegalerie, London. AISA, Barcelona.
Mirza Asadullah Khan Ghalib, Archiv des Autors.
Rabīndranāth Tagore, A.G.E. FotoStock, Barcelona.
Mahatma Gandhi und Jawārharlāl Nehru, Contifoto, Madrid.
Octavio Paz und Indira Gandhi, Archiv des Autors.
Jawārharlāl Nehru und Octavio Paz, Archiv des Autors.
Octavio Paz im Rashtrapati Bhavan, Archiv des Autors.
Octavio Paz und Marie José Paz, Foto: A. Gonzáles de León.
Octavio Paz in Samangan, Gal Vehara, Polannaruwa und Kasauli, Foto: Marie José Paz.
Marie José Paz in Kasauli, Foto: Octavio Paz.
Octavio Paz und Marie José Paz in Mandawa, Archiv des Autors.

INHALT